U0640325

与学生谈能力培养

《"四特"教育系列丛书》编委会　编著

吉林出版集团股份有限公司
全国百佳图书出版单位

图书在版编目 (CIP) 数据

与学生谈能力培养 /《"四特"教育系列丛书》编委会编著 . —长春：吉林出版集团股份有限公司，2012.4

（"四特"教育系列丛书 / 庄文中，龚玲，萧枫，姜忠喆主编 . 与学生谈生命与青春期教育）

ISBN 978-7-5463-8644-7

I. ①与… Ⅱ . ①四… Ⅲ . ①中小学生－能力培养 Ⅳ . ① G635.5

中国版本图书馆 CIP 数据核字（2012）第 044400 号

与学生谈能力培养

YU XUESHENG TAN NENGLI PEIYANG

出 版 人	吴　强	
责任编辑	朱子玉　杨　帆	
开　　本	690mm×960mm　1/16	
字　　数	250 千字	
印　　张	13	
版　　次	2012 年 4 月第 1 版	
印　　次	2023 年 2 月第 3 次印刷	

出　　版	吉林出版集团股份有限公司
发　　行	吉林音像出版社有限责任公司
地　　址	长春市南关区福祉大路 5788 号
电　　话	0431-81629667
印　　刷	三河市燕春印务有限公司

ISBN 978-7-5463-8644-7　　　　　定价：39.80 元

前　言

　　学校教育是个人一生中所受教育最重要组成部分,个人在学校里接受计划性的指导,系统地学习文化知识、社会规范、道德准则和价值观念。学校教育从某种意义上讲,决定着个人社会化的水平和性质,是个体社会化的重要基地。知识经济时代要求社会尊师重教,学校教育越来越受重视,在社会中起到举足轻重的作用。

　　"四特教育系列丛书"以"特定对象、特别对待、特殊方法、特例分析"为宗旨,立足学校教育与管理,理论结合实践,集多位教育界专家、学者以及一线校长、老师们的教育成果与经验于一体,围绕困扰学校、领导、教师、学生的教育难题,集思广益,多方借鉴,力求全面彻底解决。

　　本辑为"四特教育系列丛书"之《与学生谈生命与青春期教育》。

　　生命教育是一切教育的前提,同时还是教育的最高追求。因此,生命教育应该成为指向人的终极关怀的重要教育理念,它是在充分考察人的生命本质的基础上提出来的,符合人性要求,是一种全面关照生命多层次的人本教育。生命教育不仅只是教会青少年珍爱生命,更要启发青少年完整理解生命的意义,积极创造生命的价值;生命教育不仅只是告诉青少年关注自身生命,更要帮助青少年关注、尊重、热爱他人的生命;生命教育不仅只是惠泽人类的教育,还应该让青少年明白让生命的其它物种和谐地同在一片蓝天下;生命教育不仅只是关心今日生命之享用,还应该关怀明日生命之发展。

　　同时,广大青少年学生正处在身心发展的重要时期,随着生理、心理的发育和发展、社会阅历的扩展及思维方式的变化,特别是面对社会的压力,他们在学习、生活、人际交往和自我意识等方面,都会遇到各种各样的心理困惑或问题。因此,对学生进行青春期健康教育,是学生健康成长的需要,也是推进素质教育的必然要求。青春期教育主要包括性知识教育、性心理教育、健康情感教育、健康心理教育、摆脱青春期烦恼教育、健康成长教育、正确处世教育、理想信念教育、坚强意志教育、人生观教育等内容,具有很强的系统性、实用性、知识性和指导性。

　　本辑共20分册,具体内容如下:

　　1.《与学生谈自我教育》

　　自我教育作为学校德育的一种方法,要求教育者按照受教育者的身心发展阶段予以适当的指导,充分发挥他们提高思想品德的自觉性、积极性,使他们能把教育者的要求,变为自己努力的目标。要帮助受教育者树立明确的是非观念,善于区别真伪、善恶和美丑,鼓励他们追求真、善、美,反对假、恶、丑。要培养受教育者自我认识、自我监督和自我评价的能力,善于肯定并坚持自己正确的思想言行,勇于否定并改正自己错误的思想言行。要指导受教育者学会运用批评和自我批评这种自我教育的方法。

　　2.《与学生谈他人教育》

　　21世纪的教育将以学会"关心"为根本宗旨和主要内容。一般认为,"关心"包括关心自己、关心他人、关心社会和关心学习等方面。"关心他人"无疑是"关心"教育的最为重要的方面之一。学会关心他人既是继承我国优良传统的基础工程,也是当前社会主义精神文明建设的基础工程,是社会公德、职业道德的主要内容。许多革命伟人,许多英雄模范,他们之所以有高尚境界,其道德基础就在于"关心他人"。本书就学生的生命与他人教育问题进行了系统而深入的分析和探讨。

3.《与学生谈自然教育》

自然教育是解决如何按照天性培养孩子,如何释放孩子潜在能量,如何在适龄阶段培养孩子的自立、自强、自信、自理等综合素养的均衡发展的完整方案,解决儿童培养过程中的所有个性化问题,培养面向一生的优质生存能力、培养生活的强者。自然教育着重品格、品行、习惯的培养;提倡天性本能的释放;强调真实、孝顺、感恩;注重生活自理习惯和非正式环境下抓取性学习习惯的培养。

4.《与学生谈社会教育》

现代社会教育是学校教育的重要补充。不同社会制度的国家或政权,实施不同性质的社会教育。现代学校教育同社会发展息息相关,青少年一代的成长也迫切需要社会教育密切配合。社会要求青少年扩大社会交往,充分发展其兴趣、爱好和个性,广泛培养其特殊才能,因此,社会教育对广大青少年的成长来说,也其有了极其重要的意义。本书就学生的生命与社会教育问题进行了系统而深入的分析和探讨。

5.《与学生谈创造教育》

我们中小学实施的应是广义的创造教育,是指根据创造学的基本原理,以培养人的创新意识、创新精神、创造个性、创新能力为目标,有机结合哲学、教育学、心理学、人才学、生理学、未来学、行为科学等有关学科,全面深入地开发学生潜在创造力,培养创造型人才的一种新型教育。其主要特点有:突出创造性思维,以培养学生的创造性思维能力为重点;注重个性发展,让学生的禀赋、优势和特长得到充分发展,以激发其创造潜能;注意启发诱导,激励学生主动思考和分析问题;重视非智力因素,培养学生良好的创新心理素质;强调实践训练,全面锻炼创新能力。本书就学生的生命与创造教育问题进行了系统而深入的分析和探讨。

6.《与学生谈非智力培养》

非智力因素包含:注意力、自信心、责任心、抗挫折能力、快乐性格、探索精神、好奇心、创造力、主动思索、合作精神、自我认知……本书就学生的非智力因素培养问题进行了系统而深入的分析和探讨,并提出了解决这一问题的新思路、可供实际操作的新方案,内容翔实,个案丰富,对中小学生、教师及家长均有启发意义。本书体例科学,内容生动活泼,语言简洁明快,针对性强,具有很强的系统性、实用性、实践性和指导性。

7.《与学生谈智力培养》

教师在教学辅导中对孩子智力技能形成的培养,应考虑智力技能形成的阶段,采取多种教学措施有意识地进行。本书就学生的智力培养教育问题进行了系统而深入的分析和探讨,并提出了解决这一问题的新思路、可供实际操作的新方案,内容翔实,个案丰富,对中小学生、教师及家长均有启发意义。本书体例科学,内容生动活泼,语言简洁明快,针对性强,具有很强的系统性、实用性、实践性和指导性。

8.《与学生谈能力培养》

真正的学习是培养自己在没有路牌的地方也能走路的能力。能力到底包括哪些内容?怎样培养这些能力呢?本书就学生的能力培养问题进行了系统而深入的分析和探讨,并提出了解决这一问题的新思路、可供实际操作的新方案,内容翔实,个案丰富,对中小学生、教师及家长均有启发意义。本书体例科学,内容生动活泼,语言简洁明快,针对性强,具有很强的系统性、实用性、实践性和指导性。

9.《与学生谈心理锻炼》

心理素质训练在提升人格、磨练意志、增强责任感和团队精神等方面有着特殊的功效,作为对大中专学生的一种辅助教育方法,不仅能够丰富教学内容,改革教学模式,而且能使大学生获得良好的体能训练和心理教育,增强他们的社会适应能力,提高他们毕业之后走上工作岗位的竞争力。本书就学生的心理锻炼问题进行了系统而深入的分析和探讨。

10.《与学生谈适应锻炼》

适应能力和方方面面的关系很密切,我认为主要有以下几个方面:社会环境、个人经历、身体状况、年龄性格、心态。其中最重要是心态,不管遇到什么事情,都要尽可能的保持乐观的态度从容的心态。适应新环境、适应新工作、适应新邻居、适应突发事件的打击、适应高速的生活节奏、适应周边的大悲大喜,等等,都需要我们用一种冷静的态度去看待周围的事物。本书就学生的社会适应性锻炼教育问题进行了系统而深入的分析和探讨。

11.《与学生谈安全教育》

采取广义的解释,将学校师生员工所发生事故之处,全部涵盖在校园区域内才是,如此我们在探讨校园安全问题时,其触角可能会更深、更远、更广、更周详。

12.《与学生谈自我防护》

防骗防盗防暴与防身自卫、预防黄赌毒侵害等内容,生动有趣,具有很强的系统性和实用性,是各级学校用以指导广大中小学生进行安全知识教育的良好读本,也是各级图书馆收藏的最佳版本。

13.《与学生谈青春期情感》

青春期是花的季节,在这一阶段,第二性征渐渐发育,性意识也慢慢成熟。此时,情绪较为敏感,易冲动,对异性充满了好奇与向往,当然也会伴随着出现许多情感的困惑,如初恋的兴奋、失恋的沮丧、单恋的烦恼等等。中学生由于尚处于发育过程中,思想、情感极不稳定,往往无法控制自己的情绪,考虑问题也缺乏理性,常常会造成各种错误,因此人们习惯于将这一时期称作"危险期"。本书就学生的青春期情感教育问题进行了系统而深入的分析和探讨。

14.《与学生谈青春期心理》

青春期是人的一生中心理发展最活跃的阶段,也是容易产生心理问题的重要阶段,因此要关注心理健康。本书就学生的青春期心理教育问题进行了系统深入的分析和探讨,并提出了解决这一问题的新思路、可供实际操作的新方案,内容翔实,个案丰富,对中小学生、教师及家长均有启发意义。本书体例科学,内容生动活泼,语言简洁明快,针对性强,具有很强的系统性、实用性、实践性和指导性。

15.《与学生谈青春期健康》

青春期常见疾病有,乳房发育不良,遗精异常,痤疮,青春期痤疮,神经性厌食症,青春期高血压,青春期甲状腺肿大,甲型肝炎等。用注意及时预防以及注意膳食平衡和营养合理。本书就学生的青春期健康教育问题进行了系统深入的分析和探讨,并提出了解决这一问题的新思路、可供实际操作的新方案,内容翔实,个案丰富,对中小学生、教师及家长均有启发意义。本书体例科学,内容生动活泼,语言简洁明快,针对性强,具有很强的系统性、实用性、实践性和指导性。

16.《与学生谈青春期烦恼》

青少年产生烦恼的生理原因是什么?青少年的烦恼有哪些?消除青春烦恼的科学方法有哪些?本书就学生如何摆脱青春期烦恼问题进行了系统而深入的分析和探讨,并提出了解决这一问题的新思路、可供实际操作的新方案,内容翔实,个案丰富,对中小学生、教师及家长均有启发意义。本书体例科学,内容生动活泼,语言简洁明快,针对性强,具有很强的系统性、实用性、实践性和指导性。

17.《与学生谈成长》

成长教育的概念,从目的和方向上讲,应该是培育身心健康的、适合社会生活的、能够自食其力的、家庭和睦的、追求幸福生活的人;从内容上讲,主要是素质及智慧的开发和培育。人的内涵最根本的是思想,包括思想的内容、水平、能力等;外显的是言行、气质等。本书就学生的健康成长问题进行了系统而深入的分析和探讨,并提出了解决这一问题的新思路、可供实际操作的新方案,内容翔实,个案丰富,对中小学生、教师及家长均有启发意义。

18.《与学生谈处世》

处世是人生的必修课,从小要教给孩子处世的技巧,让孩子学会处世的智慧,这对他们的成长至关重要。本书从如何做事、如何交往、如何生活、如何与人沟通、如何处理自己的消极情绪等十个方面着手,力图把处世的智慧教给孩子,让孩子学会正确处理复杂的人际关系。本书体例科学,内容生动活泼,语言简洁明快,针对性强,具有很强的系统性、实用性、实践性和指导性。

19.《与学生谈理想》

教育是一项育人的事业,人是需要用理想来引导的。教育是一项百年大计,大计是需要用理想来坚持的。教育是一项崇高的事业,崇高是需要用理想来奠实的。学校没有理想,只会急功近利,目光短浅,不能真正为学生终身发展奠基;教师没有理想,只会自怨自艾,早生倦怠,不会把教育当作终身的事业来对待。学生没有理想,就没有美好的未来。本书就学生的理想信念问题进行了系统而深入的分析和探讨,并提出了解决这一问题的新思路、可供实际操作的新方案,内容翔实,个案丰富,对中小学生、教师及家长均有启发意义。

20.《与学生谈人生》

人生观是对人生的目的、意义和道路的根本看法和态度。内容包括幸福观、苦乐观、生死观、荣辱观、恋爱观等。它是世界观的一个重要组成部分,受到世界观的制约。本书就学生如何树立正确的人生观问题进行了系统而深入的分析和探讨,并提出了解决这一问题的新思路、可供实际操作的新方案,内容翔实,个案丰富,对中小学生、教师及家长均有启发意义。本书体例科学,内容生动活泼,语言简洁明快,针对性强,具有很强的系统性、实用性、实践性和指导性。

由于时间、经验的关系,本书在编写等方面,必定存在不足和错误之处,衷心希望各界读者、一线教师及教育界人士批评指正。

编者

目　录

第一章

学生能力因素教育指导

1. 学生学习能力因素的培养

联合国教科文组织提出："未来的教育，不是不识字的人，而是没有学会如何学习的人"。这对教育提出了明确的要求，不仅对孩子要进行知识的传授，更重要的是培养学生的学习能力。教师毕竟不是知识的源泉，教师能传授学生的知识是有限的，而要靠学生养成了自觉学习的能力，使学生养成能独立学习，获取知识的人。

学习能力的培养，它包含自学能力、语言表达能力、阅读能力、作文能力、观察能力、分析能力、想象能力、解决问题能力、独立能力、动手操作能力等等。它是一种综合能力，它的形成和提高是一个心理发展的渐进过程，是一个由量变积累到质变飞跃的过程。

学生学习能力的培养，要根据学生年龄的特征和心理规律，按不同年龄提出该年龄段的共性要求，又按不同个体的个性特点进行个别指导，因此，进行学习能力的培养，要按学生的学习实际出发，进行学习能力的渗透，发挥学生的主体作用，充分调动学生学习的积极性，从而达到学生学习能力培养的目的。

培养语言表达能力

小学生年龄小，如何提高他们的学习能力，教会他们的学习方法，教师首先要对新课标的要求吃透内容、领会精神、充分发挥教科书的作用，有目的地去培养学生，让学生从不会看书到会看书，从不会操作到会操作，从不会思考到会思考，从不会说到会说……在教学知识的同时，授予一定的学习方法，并从培养学生形成良好的学习习惯开始，逐步让习惯上升为能力，启发学生、调动学生的学习积极性。

孩子一入学，就有意识训练他们说一句完整的话，如：学生到校报到时，就问学生："你叫什么名字"？要是回答："赵世杰"句子不完整，再问："谁叫赵世杰"？答："我叫赵世杰"。接着，让孩子们一个个回答："我叫"。

在拼音教学中，着重训练学生们说完整的话。如在教单韵母"i"时，告诉孩子这个单韵母是"衣"时，再问"你的衣服是什么颜色的"？学生回答"我的衣服是黄颜色的"、"我的衣服是红颜色的"、"我的衣服是绿颜色的"，就这样，帮助孩子们在感情上把话说完整。

在观察能力活动中，教会孩子看的方法和顺序，如教第二册识字时，让孩子们从花草树木的形态、颜色、气味等方面去观察，将其特点看仔细说清楚。在学生表达时，提示孩子们加上自己的想法，说说自己的喜爱之情，启发他们联想古诗佳句以增加表达效果。观察动物也是如此，如观察小松鼠，先让孩子们搜集松鼠的外貌、生活习性等。课上有目的地观察，按照从头到尾的顺序观察小动物的外貌，观察小松鼠吃食时的动作、神态，观察小松鼠怎样玩耍的。每观察一项，就让学生练说，并随时了解他们观察的感受。

培养说写完整话的能力

根据本班学生的生活实际和阅读水平，从一年级开始，便有针对性的通过看图学词学句，帮助学生认识句型。

如第一册，《我多想去看看》的课后题，出现了几个句子，第一句"北京是我国的首都"、第二句"五星红旗是我国的国旗"，告诉学生这是两句话：第一句说什么呢？学生回答："第一句说的是北京"，我问北京是什么呢？学生回答："北京是我国的首都"。教第二句用同样的方法，找出这句话是由几个词语组成的，然后老师把句子拆开，启发学生再回答，通过上面的启发，学生知道了一句话是由"什么是什么"两部分组成的，一句话说完整了要标上句号，在进行课堂练习时，让孩子们说出下面的句型"我是什么、我爱什么"？学生完整的说出了"我是小学生、我爱北京、我爱五星红旗、我爱老师、我爱妈妈、我爱中华人民共和国"等等。就这样通过渐渐的训练，鼓励学生每人说对了句子再用拼音或汉字写下来。

培养看图说话写话能力

叶圣陶先生说："教是为了不教"。低年级小学生缺乏观察分析能力，引导他们看图要结合方法，使他们掌握规律，运用规律。

看图说话写话是引导学生观察、思维、想象、记忆等综合表达能力的训练，好奇、新颖是儿童的心理特点，情感因素是儿童发展的动力，小朋友见到图画总爱浏览一番，利用图画引导儿童说话、写话，便是引导他们的情感动机，有助于发展自我，使思维踏上创造性的阶梯。

（1）看景物图

要从上到下或从下到上，由近及远或由远及近地观察，如结合第一册语文园地三的一幅图，引导学生说出天上有什么？（白云）什么样的天空？（蓝蓝的天空）在田野里看到了什么景色？是什么颜色的呢？怎么美？引导他们按一定的顺序，把景物一部分一部分说出来，不限制他们的思路，怎么想就怎么说，说完了再稍微点拨，然后再说一遍，最后把说的句子及话写下来。

（2）看人物图

要先从时间、地点、人物、事情这四个要素来整体地看，再从人物的表情、动作去看他们怎么去做这件事的，如第二册《邓小平爷爷植树》这是一篇短小的故事，教学中先让学生看课件，看看图上画的什么时间？在什么地方？图上主要有谁？他们在干什么？学生把这些问题搞清楚了，再引导学生按事情的顺序初读课文、学习课文，这样作为一年级的孩子，有了对看图的铺垫，课文就很容易理解了。特别关键的是从图中看出了邓爷爷严肃认真的态度和一丝不苟的精神。此外，还领会了植树绿化的重要意义。在教学中，还要注意学生在平时回答问题时是否用词不当，同时，特别注意看图说话，仿作小练笔实践……凡此种种，不一而足，总之，在低段语文教学中，应把握住小学的语言发展特点，时时处处养成积累词语的良好习惯，并促进口头语言与书面语言相互发展和提高。

课外说话写话能力

课外生活观察是一种积极的智力活动，是发展思维和语言的重要渠道。带领学生走出课堂，到生活中去、到社会中去、到大自然中去观察，收益是无穷的，四季变化的自然景色、活泼可爱的小动物、丰富多彩的学校生活、诸如节日里的各种竞赛、有教育意义的动画片，这些都是训练孩子说话写话的素材。

教师应有计划、有重点的引导学生观察，让孩子们好好地用心看一看、听一听、摸一摸、闻一闻、做一做、尝一尝，使他们开阔了视野，得到了丰富的感性材料，观察之后，回到课堂，请他们再说一说观察的印象，然后再把观察的回忆印象，像过电影一样展现一幅幅画面，请他们大胆地说一说，老师听后稍作订正，就可以把话写下来了。

指导低年级学生观察说写、先说后写、怎么说就怎以写，这是发展儿童认识能力和语言表达能力的有效形式和途径。

我们深信，孩子们真正具备了学习能力，学会了学习，那么在未来世界高科技的挑战中，将会牢牢运用"学习"的武器，永远立于不败之地，成为生活的强者，时代的强者！

2. 培养学生的审美能力

欣赏能力的培养和提高是音乐学科长期而又艰苦的任务，要上好音乐欣赏课，必须多听、多想、多辨、多做、多唱，这样，才能在更高的程度上感受音乐、理解音乐、欣赏音乐，音乐教师应省悟自己身上的重任，在音乐欣赏教学中充分利用教材提供的优秀音乐作品，精心设计欣赏活动，通过听听、想想、辨辨、做做、唱唱等教学手法，让学生体验每一个音乐作品的美感和思想内涵，提高音乐审美的品味。

在素质教育全面推广的今天，音乐欣赏教学已越来越被音乐教育界所重视，传统的音乐欣赏教学的模式已越来越不能适应时代的要求。因此，如何上好音乐欣赏课是摆在每位音乐教师面前的一个重要课题。

上好音乐欣赏课应以"培养学生的审美能力"为目的。一切教学活动都围绕着使学生真正成为审美活动的主体来开展，引导学生全身心地投入到音乐欣赏活动中去。

"听"作品，培养学生感受美的能力

欣赏音乐是通过听觉来感受音乐的，要使儿童理解乐曲所塑造的音乐形象，首先强调要让学生听，多听完整的乐曲，使学生一开始就获得一个完整的音乐形象。要用"听"把学生带进乐曲的意境，从直觉感受到乐曲的情绪。如欣赏《清澈的溪水》时，其清新，优美而抒情的旋律，丰满而轻柔的和声以及流畅的律动，展现了溪水欢快流淌的气息，在欣赏这首乐曲时，要求同学们闭上眼睛全神贯注地聆听，之后用一段文字把自己的感受描绘出来。

又如欣赏《龟兔赛跑》时，可先让学生听音乐，让他们感受整个音乐的情绪，领悟到"森林的早晨"是多么富有大自然的生命气息和龟兔赛跑的激烈程度，以及欢快、圆满的比赛结果等。因此，在欣赏音乐时，通过听觉辨明音响在我们心湖激起的涟漪，就能从情、意、理、形等各方面去领略作品的美。

"想"作品，培养学生想象美的能力

"想"就是学生在聆听音乐中，根据音乐展开联想和想象，如听了进行曲后觉得可以做什么？跑步呢还是游泳？走路呢还是跳舞？听了摇篮曲后启发学生根据歌词去想象，小宝宝甜甜地睡觉时一幅美丽的图画，欣赏歌舞曲时可以先出现一幅孩子跳舞的画，要求学生在听老师演唱过程中，想象孩子在怎样地跳舞，在想象的基础上学生懂得音乐就像一幅幅美丽的图画。

例如，欣赏格里格的《培尔金特》组曲《晨景》时，老师不用任何铺垫，学生就根据长笛、大提琴、双簧管、大管等音乐特点说出自己想象的内容："大海悄悄地睁开了眼睛，平静的海面上，暖暖的太阳像披着红纱的美丽少女慢慢地升出海面，驾着柔和的海风，好像在向我们缓缓走来。"同学们既像在解说音乐，又像在朗诵诗歌，言语中饱含着无限的深情。无疑，这充分说明学生的想象完全投入到优美的音乐之中去了。

"辨"作品，培养学生鉴赏美的能力

在学生听懂了音乐所反映的内容和情绪后，通过老师弹奏时速度、力度等的变化，让学生进一步辨别音乐所表现的形象。如：教师在弹奏进行曲时，不断出现力度变化（强弱），速度变化（快慢），让学生来辨别速度变化时仿佛队伍走得很急或很慢；强弱变化时，好像队伍由近至远或由远至近，同样可以选用2/4、3/4、4/4不同节拍的摇篮曲来反映摇篮曲优美、轻柔、连贯、平稳的共同特点和不同之处，在反复听的过程中，必须让学生学会分辨各种节奏、速度、力度的不同，

从而加深对作品的理解。

如《唱支山歌给党听》这首歌，是一首充满激情的抒情歌曲，它的第二乐段节奏变紧，速度变快，情绪紧凑，与抒情的第一乐段形成强烈的对比，感情真挚动人、如泣如诉，充满了对旧社会的仇恨，演唱时速度渐快，通过这种分辨与对比，更了解了乐曲的情感变化，这样，就能达到较深层次的音乐欣赏，提高了学生鉴赏美的能力。

"做"作品，培养学生表现美的能力

欣赏是听觉能力的训练，但根据低年级学生的年龄特征有时借助"做"，让学生亲自动一动，做一做来加深对音乐内容及情绪的理解，这比光听的效果更好些。如欣赏进行曲可以让学生边听边走，通过亲自做动作来体会乐曲的雄壮有力。

又如听了摇篮曲后让学生结合音乐，做一做拍娃娃或摇船的动作，使学生随着乐曲情绪力度逐渐变弱，速度逐渐变慢，动作也随之逐渐变小而轻……同样随着活泼轻快的歌舞曲让学生拍拍手，跳跳舞，学生爱怎样动就让他随音乐自由地手舞足蹈，为了使歌舞曲更富有载歌载舞的特点，在欣赏的后阶段，教师可以与学生一起创作一组舞蹈动作的简单组合，让学生边歌边舞，让乐曲欢乐的情绪在学生活动中更充分地表现出来。

"唱"作品，培养学生创造美的能力

音乐欣赏是以听为主的，但唱主题是欣赏作品的基础，因为音乐主题是作品的核心。为了使学生真正掌握不同情绪歌曲与乐曲的特点，最好让学生唱一唱，尤其是低年级的欣赏曲大部分以声乐为主，更适合给学生边听边唱边欣赏，如果遇到乐曲欣赏，同样可以哼唱些有特色的主旋律，加强学生对乐曲的感受和记忆。

引导学生唱主题，更有利于学生把握主题形象，使学生在欣赏音

乐的过程中准确辨认主题的重复和变化，使学生的思维真正调动起来，更好地获得音响体验，唱的过程，也是一次获得音乐形象的过程，无形之中培养了学生独立的判断感受能力和表现音乐的能力。

综上所述，欣赏能力的培养和提高是音乐学科长期而又艰苦的任务，要上好音乐欣赏课，必须多听、多想、多辨、多做、多唱，这样，才能在更高的程度上感受音乐、理解音乐、欣赏音乐，音乐教师应省悟自己身上的重任，在音乐欣赏教学中充分利用教材提供的优秀音乐作品，精心设计欣赏活动，通过听听、想想、辨辨、做做、唱唱等教学手法，让学生体验每一个音乐作品的美感和思想内涵，提高音乐审美的品味。

培养学生信息能力

信息社会需要什么样的人才？信息社会所需要的人才应具有什么样的知识结构和能力素质？学生具有信息获取、信息分析与信息加工能力，只有具有这样一种能力才能适应 21 世纪激烈的国际竞争。培养学生信息能力，推进素质教育，是我们每一位信息技术课教师义不容辞的职责。

培养学生信息能力的重要性

（1）国家对信息技术课程高度重视

随着社会信息化程度的加深，许多发达国家已经认识到，信息社会所需要的人才必须具有良好的信息意识和信息能力，基础教育应承担起培养这种素质的职责。从 20 世纪 80 年代起，美国、英国、日本等发达国家极有远见地对基础教育提出了从培养目标到课程内容的信息课程要求。我国也充分意识到培养学生信息能力的重要性。

（2）信息能力是学生学习能力的决定性因素

在研究儿童认知发展基础上产生的建构主义理论，不仅形成了全新的学习理论，也正在形成全新的教学理论。建构主义学习理论和建构主义学习环境强调以学生为中心，不仅要求学生由外部刺激的被动接受者和知识的灌输对象转变为信息加工的主体、知识意义的主动建构者，而且要求老师要由知识的传授者、灌输者转变为学生主动建构意义的帮助者、促进者。可见在建构主义学习环境下，对学生的信息能力也提出了较高的要求。学生的信息能力不同，学习的效果也会明显不同。

（3）信息技术课会越来越向综合课程方向发展

由于计算机本身所具有的工具性的特点，使得计算机课能够跨学科教学，信息技术课会越来越向综合课程方向发展。在这里，强调的不是计算机知识点本身，而是对知识的使用方法，对知识的整合创造的能力。例如键盘练习和英语学习相结合；用"画笔"进行美术作品创作、贺卡制作；用 word 进行作文、板报、校刊的编排；用 excel 进行班级成绩的整理、学习情况的数据分析、班级通讯录的制作等。通过对同一知识点不同方向、不同侧重点的多次重现，培养学生的发散思维与创新意识。

培养学生信息能力的方法

中学信息技术教学的主要目的是让学生在了解计算机文化、初步掌握一些计算机基本知识和技能的同时，进一步激发学生的学习兴趣、增强信息意识和创新意识，有效培养学生对信息的收集、处理、应用和传输的能力，培养学生的自学能力和创造能力。教学中要时刻注意信息技术教学不仅仅是传授计算机的基础知识，更不是片面追求"学以致用"的职业培训，而是把计算机作为一种工具，来提高中学生的素质，培养他们用信息技术解决问题的能力，以及学习能力。

（1）重视第一节课

好的开始是成功的一半。在第一节课中应让学生懂得信息的概念以及从国家对信息课程的重视、计算机工具性的特点、信息课程越来越向综合性课程方向发展等方面来讲述信息技术课的重要性。让学生意识到学习信息技术课不仅仅是学习计算机，还对其他学科的学习有很大的帮助，从而引起学生的重视。并可请高年级这门学科学得好的学生讲讲他们的学习心得，做学法指导，让学生对这一门学科的学习方法有所了解。以后的学习中才不至于盲目不知所措。

（2）灵活多变的教学形式

21 世纪是一个信息万变的时代。仅靠书本上的知识是没有办法教好学生的。考虑到现在整个社会都很重视信息产业的现状，许多报刊、杂志以及电视节目上都有相关报导，而且学生很想了解计算机发展的一些最新动态，了解一些网络知识，一些新的软件。教师可以在所教的班级每一星期让学生推选一位代表，在这一周上课前花 5 分钟时间让他给大家讲讲这一周他所了解的一些计算机方面的信息，以及自己学习的一些心得、体会，供大家一起分享。这样不仅激发起学生学习这门科目的兴趣，而且使全班同学能一起了解课本以外的信息，一起进步，紧跟时代脉搏。

（3）培养学生的信息素养

信息技术课程目标的变化和发展，即从"计算机文化论"到"计算机工具论"，再到现在提出的培养学生的"信息素养"，正是人类随着社会的发展进步认识的不断提高。换句话说，随着时代的发展，学生不仅要掌握社会生活必备的信息技术知识与技能，更重要的是要具备良好的信息素养。对于我们 21 世纪的学生来说，基本的"信息素养"应包括：

① 信息获取的能力。能够根据自己的学习要求，主动地、有目的地去发现信息，并能通过各种媒体，如互联网、书籍、报纸、电视等，

或者自己亲自调查、参观等，收集到所需要的信息。

② 信息分析的能力。能够将获取到的信息进行筛选，从中鉴别自己所需要的信息，判断它的可信度，然后对认为真实有用的信息进行分类。

③ 信息加工的能力。将不同渠道获取的同一类信息进行综合，结合自己原有的知识，重新整理组织、存储，并能够简洁明了地传递给他人。

④ 信息创新的能力。在信息加工的时候，通过归纳、综合、抽象、联想的思维活动，找出相关性、规律性的线索，或者能从表面现象分析出事物的根源，得出创新的信息。

⑤ 信息利用的能力。利用所掌握的信息，使用信息技术或其他手段，分析、解决生活和学习中的各种实际问题。

⑥ 协作意识和信息的交流能力。能够通过互联网等平台拓展自己的交流范围，面向世界，开阔视野，并能利用信息技术加强与他人的联系、协作。

我们要充分利用学校教学的优势，通过各种形式的教育，使学生将上述信息的获取、分析、加工、利用等能力，内化为自身的思维习惯和行为方式，从而形成影响人的一生的品质。而在所有形式的教育中，创设一个在实际生活学习中使用信息技术解决问题的学习环境，是培养学生"信息素养"的关键。

（4）开设活动课拓展课堂教学

在信息课程的教学中肯定会涌现出许多电脑爱好者。这些学生不满足课堂所学，对计算机的许多专业知识和应用技术表现出浓厚的兴趣。有计划的课外实践活动对这些学生的爱好能给予培养和正确引导。

目前中学的活动课、选修课内容可分为两大部分：一是语言程序设计；二是应用软件使用。学习程序设计语言对培养中学生的逻辑思维能力、创新意识都有很大的帮助。在应用技术的课外实践中把计算机当作信息处理的工具，让学生在整合各科所学文化知识的基础上进行创作和信息交流。

信息技术课是一门新兴学科，与其他学科相比，缺少现成的教学经验供我们借鉴，而且信息技术本身就是一门飞速发展的技术。探索新的环境下的新型教学模式、教学方法，培养具备一定科学精神和创新意识以及信息能力的学生，已是我们信息技术教师刻不容缓的责任。

培养学生社交能力

培养小学生社交能力，提高其对社会的责任感和参与、合作精神是学校进行素质教育的重要任务之一。

学生社交能力普遍存在的不足

社会参与和社会交往意识薄弱。对工作、学习、生活缺乏积极进取的态度，往往处于被动参与、合作位置。

心理承受力弱。怕挫折，有害羞心理，遇事退缩，缺乏自信，不善交往。

性格内向，不善表达。采取自我封闭的态度把自己与别人隔绝开来，关系疏远。

太任性，交往不文明。"一切以我为中心"难与他人合作。

学生存在社交不足的主要原因

教师对学生社交能力的培养认识不足，指导不力。在教育中存在着单向灌输，忽视双向、双角度交流的现象。

学生生活范围狭窄，阅历肤浅，经验单一。

家庭教育不当。父母对子女的溺爱、娇惯，使子女形成娇、骄心理；一味地批评、责骂，使子女产生抵触情绪和急躁性格。

学生社会交往能力不论是共性意义上的还是个性意义上的不足，

发现得愈早，其社交心理障碍就愈容易得到矫正，交往能力也愈及时得到培养，使其具有适应市场经济发展需要的新素质。

解决学生社交不足的方法

（1）培养社交意识，形成良好的心理

①充实教育内容，增强学生对社交的认识。针对小学生社交的现状和特点不断补充有关社交教育的内容作为思想品德教材，让学生懂得社交对自己的成长和发展更有特殊意义，在交往中反映出自己的优点和缺点，可以及时地了解和改变，还可以从中学到社会经验，掌握社会规范，使自己的个人需要似和社会需要和谐地统一起来。

②培养社交的自觉性和合作精神。引导学生积极参与群体活动，关心集体，为他人着想，乐于助人，养成豁达宽容大度的性格。改变独生子女的孤傲、任性、目中无人和"排他现象"。

③培养勇敢坚毅、活泼自信的性格。多给学生关心、温暖，为他们创造出头露面的机会，"让每个学生在坐标上找到方位"，克服害羞、自卑、畏惧、慌乱等心理。

④培养学生自我调节心理的习惯。教育学生不怕挫折，不怕失败，遇到挫折要调节和控制自己的情绪，保持心理平衡，冷静思考，认真分析，找出原因，想出办法。

（2）组织各项活动，培养交往能力

①在课堂教学中，创设交往的情境。课堂教学是教育培养学生的主渠道。在各学科教学过程中，教师应创设平等、民主、愉悦的课堂气氛，通过形象直观的教育手段，激发学生的学习兴趣，调动学生的学习积极性，鼓励学生畅所欲言，促进教师与学生的双向交流；以学习小组为单位组织学生说一说、议一议、辨一辨，让每个学生都有发表自己意见的机会，提高他们表情达意能力。

②通过班、队活动，创造交往的条件。队集体、队组织是个小社会，教师可以在这个小社会中实行"班、队干部轮换制"，让更多的学生接受当干部的锻炼。与此同时，充分利用班、队集体和学生本身所提供的集体生活环境，帮助学生会自尊和尊重，养成帮助他人的习惯；培养学生对群体生活的爱好和对班级、学校活动积极参与意识与合作精神。让每个学生在集体中都有自己的位置，人人都有表现自己个性特长的机会。

③在游戏中学习适应"社会角色"。玩是学生的天性，游戏则是他们玩的主要形式，教师应从不同角度为学生提供模拟的社会生活，如"模拟法庭"、"模拟督导"和军事游戏等，让学生从中学到社会知识、生活经验，培养其社交能力。

④通过社会实践，提供交往的机会。社会，是学生将来走出校门都要接触到的，在社会中，每个人都要与市场经济打交道的。教师应认真组织社会实践活动，引导学生走出校门接触社会，扩大交往范围，通过参观、调查、访问，让学生体会到交往与市场经济发展的密切关系，增进与成年人情感和思想的交流，向成年人学习调解冲突和解决矛盾的知识，从而逐渐发展他们社会交往技能。

⑤通过家校联系，形成培养网络。教师应加强家校联系，向家长宣传科学育人的方法，让子女在良好的家庭环境中学会正确向长辈表达自己愿望和意见的方法，学会处理好与家庭成员、邻居以及周围人员之间关系。

⑥加强言行训练，培养交往能力。人与人之间的接触、联系、交往都离不开语言，教师必须加强对学生交往中的言行训练，既要注意口头语言、书面语言和思维能力的训练如：语言文明、条理清楚、幽默有哲理，又要注意非语言表达能力的训练如：交往礼仪、表情、手势、体态、语调等。

3. 培养学生的观察能力

观察是一种受思维影响的有目的、有计划、比较系统、持久的知觉活动，是人从现实活动中获得感性认识的主动积极的活动形式，是人们学习知识、认识世界的门户，是思维的触觉，是理解的前提。可以说，敏锐地观察力是创造思维的起步器。没有观察，就没有发现，更没有创造。学生的观察能力是在学习过程中实现的。在课堂教学中，如何培养学生的观察能力呢？

教给学生正确的观察方法

观察是一种有目的的活动。而要达到观察的目的，必须掌握一定的观察方法。有了正确的观察方法，才能提高观察的效率。科学课是一门实验性非常强的科目，教师可以利用演示实验及学生实验来交给学生正确的观察方法：首先要明确观察的目的，在进行观察之前，要根据实际情况制定出可行性的观察计划，特别是在观察一些较为复杂的现象时，计划更应该周密可行，否则只能被观察对象的复杂性所迷惑，达不到预期的观察目的，无法完成预定的观察任务。在科学课中，观察与思考是密不可分的。没有思考的观察只能是空想。因此，要提醒学生在观察时积极思考、主动观察。最后，要及时地对观察到的现象进行记录，以便于在总结、归纳时做到全面。

充分发挥教师的指导作用

要想通过科学实验让学生建立正确的科学概念或者解释科学规律，就要求教师在实验过程中要引导学生围绕试验目的对某些特定的实验现象进行重点观察，分清主次关系。在观察过程中，要注意一些细节，若只是随意的浏览，则只能看到杂乱无章的表象，观察不到事物变化的本质。

如在教学科学课《混合身边的物质（一）》时，学生将豆子与沙混合后，再将其分开，让学生观察豆子与沙的变化时，学生们可能注意到豆子表面可能粘着一些沙尘，于是就认为豆子发生了"变化"。这时，就需要教师特别强调：我们要研究的是"物质的成分"（即本质属性）有没有发生变化，也就是说有没有产生新的物质，而不是检查其他非本质的地方是否发生了变化。让学生紧紧抓住这一观察重点不放手，而不被其他现象所迷惑。这样，学生通过比较就会发现，沙还是原来的沙，豆还是原来的豆，二者没有发生本质的变化。

为学生提供有效的观察材料

让学生进行有效的观察，同一个实验，观察的材料不同，观察的结果也就不同。有效的观察材料能引导学生进行有效的观察。而无效的观察材料，只能会干扰学生观察的目的，影响学生观察的重点。如在进行《淀粉的踪迹》一课时，给学生准备了足够的淀粉、水、碘酒，学生在进行实验时，但是由于没有及时提醒学生要掌握好淀粉、碘酒、水三者的量，因而在实验中出现了淀粉遇碘酒变成黑色的现象。后来，又让学生进行了一次实验，在这次实验中，要求学生严格控制三者的量，在碘酒中加入 $2 \sim 3$ 倍的水进行稀释，而且淀粉液不能过于粘稠。结果学生们都观察到了淀粉遇碘酒变成蓝色的实验现象。使学生有效的获取了知识，增强了学生的成功感，从而激发了学生学习的兴趣，取得了良好的教学效果。

培养学生持之以恒地观察习惯

对科学研究要有一种持之以恒的态度。只有长期观察，才能捕捉到一些不易观察到的现象。要培养学生全面的观察能力，就要求学生持之以恒地进行观察，打破教学时空的限制，让学生在课外进行观察。

　　培养学生的观察能力不只限于课堂教学，重要的是联系实际，用于生活，生在家庭，会去观察各种事物来培养学生的观察能力。

　　培养学生观察能力的方法还很多，在实际教学工作中，需要教师不断的探索，以不断发现新的、更有效的方法，以培养学生观察的积极性，增强学生的观察意识和观察兴趣，提高学生的科学素养。

培养学生独立能力

　　一个现代人，首先必须具备独立精神和独立能力。独立，是现代人必备的素质，是健全人格的重要构成，是人能够立足于社会，发挥其潜力的基础。

　　与现代社会对孩子的独立的要求相比，中国孩子独立能力都较薄弱。根据资料分析，在我国的家庭中，子女对父母的依赖日趋严重。他们从小到大，处处离不开父母的照顾，结果是让孩子养尊处优、心理脆弱、独立能力差，缺乏解决困难的能力和承受挫折的勇气。四年级的小学生不会剥蛋壳，大学生开学是"全家总动员"，甚至有大学生把不会洗的衣服用包裹寄回家，离家读书领着父母去陪读……这些现象真的令人担忧。在过度保护下成长的孩子，依赖性越来越大。

　　难道我们的孩子天生缺乏独立的能力吗？事实上，我们的孩子不缺乏"独立基因"，只要给他环境，给他条件，教育者合理引导，孩子长大后也会成为独立的一族。放手让孩子独立地去行动，这是时代发展的趋势。一旦孩子能够沿着独立的道路前进，深藏在他身体内部的各种潜能都能充分地发挥出来。独立性强的孩子一定会发展得好，独立性差的孩子发展一定是比较差的，这是社会的需求造成的。因此，从小培养学生的独立能力就成了我们的当务之急。那么，如何培养学生的独立能力呢？

家庭是培养学生独立能力的首要场所

　　现在的学生大多是独生子女，从小就受到父母无微不至的关怀，甚至是溺爱，从而影响了独立意识的培养，生活自理能力相对较差。久而久之，孩子也就丧失了独立能力。其实，父母是孩子的独立老师。父母可以因势利导，把握孩子的心理特点，在保证孩子安全的前提下，放手让孩子去做力所能及的事情。在日常生活中，本着"大人放手，孩子动手"的原则，培养孩子的自理能力。在家里，家长可以根据孩子的兴趣和能力因势利导，通过具体、细致的示范，从身边的小事做起，由易到难，教给孩子一些自我服务的技能。这些看上去虽是很小的事，但实际上给儿童创造了很好的锻炼机会，无形中培养了儿童独立生活能力。

学校是培养学生独立能力的主阵地

（1）孩子的责任意识

责任意识就是自觉地把自己的事做好的心理。一个人的责任感强烈与否，很大程度上决定着他的独立生活能力的能否形成，只有树立强烈的社会责任感，一个人才能敢于面对生活的挑战，独立的承担责任，并很好地生存、生活下去。在教育中，注意在思想上培养学生的社会责任感，使他们自觉地承担一些应该而且能够承担的责任。在班级管理中，采用"班干轮换制"、"事务承包制"，努力做到"事事有人做，人人有事做，时时有事做，事事有时做"。

（2）学生的劳动能力

劳动是学生通往独立的道路，因为劳动不只是一种态度，一种习惯，更是一种重要的能力。孩子只有从小参加劳动，才能练就各种照顾自己、帮助别人、为社会作贡献的能力。我们要充分利用各种机会，解放学生的手脚，放手让他们去做那些应该做而且又是力所能及的事情，自己能做的事情自己做。从内容上来说，要尽可能丰富多彩，赋予劳动新的内容和新的内涵。如我们可结合实际和当前形势，开展

"新世纪我能行"体验教育活动、"爱我家园，人人有责"、"争当小能人"等活动；在形式上来说，要尽可能生动活泼，要有可操作性、计划性、趣味性。通过系列活动，逐步培养学生独立、勤劳、负责任的心理品质，锻炼他们的劳动能力。

（3）学生顽强拼搏的精神

任何事情都不可能是一帆风顺的，一帆风顺只能是良好的祝福。因此，在意志毅力方面，我们要对学生着重进行意志和毅力的培养，培养学生顽强拼搏的精神，遇到困难始终不低头、不气馁，而是百折不挠，不达目的誓不罢休。顽强拼搏，不怕困难是独立生活能力形成的基础条件，如果缺乏这样一种精神，独立生活能力将难以培养形成，要想成就的事业也会半途而废。培养学生的意志品质，可以通过古今中外杰出人物的感人事迹对学生进行教育，用活生生的例子、令人钦佩的精神感染他们。只有从小事做起，从小做起，循序渐进，才能逐步培养形成独立的生活能力。

社会是培养学生独立能力的大课堂

随着学生年龄的增长，产生了摆脱各种束缚和依赖的独立倾向，我们可以适时引导学生到社会中去，到更广阔的天空中去。为了培养学生的独立能力，提倡学生尽早走出家门、走出校门，到社会的大课堂中去经受锻炼。要想在社会中如鱼得水，学生必须学会了解、熟悉社会环境，学习待人接物的方法，学习与人交往的技巧。可以鼓励学生争当"社会志愿者"，将学生的假期社会实践活动落到实处。通过社会体验活动，在社会这个大课堂里培养学生的独立能力。

作为一个教育者，要尽可能为培养孩子的独立能力创造合适的环境和机会，让我们的学生早些脱离父母的羽翼，少一些依赖，多一些体验，多一些磨砺，最终成为一个有独立精神和独立能力的现代人。

20

培养学生解决问题能力

培养小学生解决问题的能力已成为培养面向 *21* 世纪人才的新技能之一，教师如何在数学课堂教学中培养学生解决问题的能力呢？

创设问题情景，激发求知欲望

教师在组织教学时，应通过设置各种与生活相关联的问题情景，创设各种具有启发性的问题，引导学生积极思考，激起学生要"弄懂"、"学会"、"应用"知识和技能的欲望。比如在教学圆周率一课时，让学生自己量一量三个不同直径的圆滚动一周的距离，他们会发现圆的周长相当于其直径的三倍多一点，而学生就会想："三倍多一点究竟是比三倍多多少呢？"这就激发了学生的探求欲望，使学生感受到数学就在身边，只要用心就会发现数学问题，从而初步培养学生的问题意识。

营造气氛，鼓励学生敢于提出问题

教师在课堂教学中要视学生为朋友，平等相待，努力营造民主平等和谐的课堂氛围，激励学生能大胆质疑，乐于讨论，对数学充满热情，敢于提出问题。课堂教学不仅是知识传递的过程，也是师生情感交融，人际交往，思想共鸣的过程。创设一种师生心理相融、民主交往良好的课堂气氛无疑是解决课堂问题最好的催化剂。只有学生不怕了，学生才会站起来提出他们的问题。

"不怕"，不仅仅是不怕老师，对老师的权威敢于提出质疑，敢于表达自己的心中的想法；同时还要不怕教材，对教材的一些观点能够提出自己的看法，即使自己的观点存在错误性；不怕同学，很多同学的心理有一种疑问，我的问题提出会不会遭到同学们的耻笑，这种担心不是没有道理的；学生更应该不怕的是他自己，还记得自己小的时候站起来回答问题就面红耳赤，要求学生打断老师的课堂，提出自己的问题是需要多么大的勇气，而学生所能做的就是战胜自己胆怯的心理，把信心刻入自己的心里。

面对全班同学，面对老师，相信我能行。只有这样课堂才会活跃，学生的问题才能接踵而至。在课堂上对于大胆质疑、敢于提出问题的学生给予更多的鼓励，还要"少一些不准、多一些允许"，让学生在课堂上能够"自由地呼吸"，敢想、敢说、敢做，充分表达自己的见解，要为问题意识这颗种子的生长提供充足的阳光、水分和适宜的土壤。

自主探究，引导学生采用多种方式解决问题

（1）小组讨论，合作释疑

独学而无友，孤陋寡闻，新课程也积极倡导自主、合作探究的学习方式。学生提出问题之后，教师营造出一个合作讨论、探究学习的氛围，孩子们便会集思广益，扩大眼界，来分析、解决问题，在讨论交流中互相启发，互相纠正，互相交流，最终形成各自的见解。

（2）查阅资料，揭开谜团

小学阶段学生应"初步具备搜集和处理信息的能力。"对于学生提出的问题，教师不要简单地告知答案，而应引导学生自己通过查阅资料、上网访问、请教他人等方式去寻求答案，这样不仅能解决课内发现的问题，而且更能培养学生主动探究的精神，增强他们独立解决问题的意识。

（3）动手实践，解决疑问

数学来源于实践，又服务于实践。数学应用意识的体现之一是当学生面临生活实际问题时，能主动地从数学的角度，运用数学的思想方法寻求解决问题的办法。教学中，教师要创设运用数学知识的条件，如组织学生开展调查、小课题研究等活动，向学生提供实践活动的机

会，引导学生自觉运用数学的基础知识、基本方法去分析、解决生活中的实际问题，使生活问题数学化，从而让学生更深刻地体会到数学的应用价值，逐步培养学生的数学应用意识和解决问题的能力。

4. 培养学生的自主能力

陶行知先生曾经说过："先生的责任不在于教，而在于教学生学。"我们身为新世纪的教师，应该改变那种让学生跟在自己后面亦步亦趋的习惯，引导学生自主学习。学生学习的主战场在课堂，课堂教学是一个双边活动过程，只有营造浓厚的自主学习氛围，唤起学生的主体意识，激起学习需要，学生才能真正去调动自身的学习潜能，进行自主学习，真正成为课堂学习的主人。

在我们身边常常会看到这样的现象：有些孩子学习积极，几乎不用家长操心，同时学习成绩也非常优异；而另外一些孩子学习很被动，家长为此伤透了脑筋，天天催着他学习，可是学习成绩却往往不好。很多家长对此归结为"人家的孩子听话"。其实不然，这涉及到孩子学习的自主性问题。小学语文课程标准指出："学生是学习的主人。语文应激发学生的个性差异，鼓励学生选择自己适合的学习方式。"

教师要转变教学观念

教师是素质教育的实践者和实施者，提高教师自身的素质是教育的关键。首先，我们语文教师要加强理论和业务学习，陶冶情操，塑造完美的人格，以渊博的知识征服学生，以高尚的人格感化学生，以严谨的工作作风感染学生，真正做到身正为师，言正为范。而树立现代教育观念是教师素质的核心，是教师立教的根基与转变、教师行为的先导。教师应意识到教师角色的多样化，要为人师，不做经师；要成为学生全面发展的培养者、民主师生关系的建立者、学生学习过程的指导者、学生终身学习的奠基人。

还要认识到教学过程是师生共同参与的互动过程，要从以教育者为中心转向以学习者为中心，从教会学生知识转向教会学生学习。

语文课堂教学是实施语文素质教育的主渠道，课堂是学生掌握基础知识，发展基本技能，提高语言综合素质的主要环节，也是师生交流进行双边活动的主要场所。教师可以采取合作探究式教学模式，创造轻松、愉快、民主、和谐的课堂氛围，做学生的知识朋友。教师首先应是温暖的，有人情味的，在课堂教学中只有以满腔的热情来帮助学生，热爱学生，尊重学生，才能创造一个良好的课堂氛围。在整过过程中，教师始终充当一个组织者、指导者的角色，不轻易地帮助学生解决他们能够解决的问题，对同学提出的问题教师尽量引导学生自己思考解决，一个学生解决不完整，就让其他学生补充。碰到学生真正解决不了的问题，教师再做画龙点睛式的讲解。这样既调动了全班同学的参与意识，又能使学生主动地获取知识，提高了他们的自学能力和分析、判断、推理等多种思维能力。

教学中，教师要注意及时归纳、总结、复习。例如：可以改变教学法，创设一个场景，给学生扮演角色的活动机会，让学生切身体验，之后引导学生思考、总结，这样教学效果会好许多！课后，教师可以根据不同层次的学生布置不同的复习要求，基础较差的学生以课本为主，加强基础知识，如字、词、句子的复习；基础较好的同学应加深对课文的理解并复述课文，或根据课文内容自编写话习作等。

增强学生的自主意识

改革课堂教学方法，要以教师为主导，学生为主体，重在学法指导。

首先，教师要激发学生的自我学习动机。学习动机对学习兴趣的形成起着积极的促进作用，是促进学生学习兴趣形成的基本条件，一个有强烈学习动机的人，才可以有强大的学习动力，也才能主动地投入到学习中去。

其次，要引导学生学习的主动性，让学生自觉地确立学习目标，制定学习计划，总结学习方法，建立认知结构，从学习知识，解决问题的过程中获得某种满足感，并以兴奋活跃的思维状态去面对语文知识和技能。

小学生的学习过程传统上都是由成人（教师、家长）支配的，自己没有根据学习目标作出计划，列出可以自由支配的时间和内容安排表等等，学习带有很大的盲目性。对此，教师在教学中要随时观察学生的学习特点，帮助学生制定学习计划，和学生一块商定学习的内容、学习地点、学习时间、请教人等等的环节，列出自学安排表，指导学生自学，让学生体验知识形成的过程，不断地去领会和感悟知识。对学习成绩不好的学生，教师可以同学生交谈，帮助学生制订一个学习计划，让学生按计划进行学习，只要落实了每周的学习计划并长期坚持，持之以恒，就能实现独立自主的学习目标。

激发学生学习兴趣

要发挥学生主要能动性，引导学生自主性学习，在语文教学实施素质教育，就必须打破传统的教学模式，树立学生是语文学习主人翁的意识，充分调动学生学习的主动性、积极性，要学生耳听、眼看、动手、动脑，积极参与学习活动，从而培养学生自辨、自悟、自理、自学的运用知识技能的能力，以及观察、记忆、思维、想象能力和创新精神，为他们的终身学习和发展打下良好的基础。语文教师要改革课堂教学，采取灵活多样的教学方法，调动学生的积极性。只有激活了他们的学习兴趣，学习才能成功。

兴趣是学生最好的老师，是学生自主学习的起点，是学生学习的内在动机，也是学生学习的强劲动力。托尔斯泰曾说过："成功的教学所需要的不是强制，而是激发学生学习兴趣。"只有当学生对学习产生兴趣时，才能从"要我学"转化为"我想学"、"我要学"。有兴趣才会愿意学，有兴趣才会有动力，才会有惊人的勤奋和百折不挠的毅力，才会自觉主动地去学习。培养兴趣要在参与中培养，在成功中提高。因此，教师要根据学生的不同兴趣和爱好，尊重他们的个性，投其所好，鼓励其每一次的成功和与众不同。如果"心中喜悦"，势必会引发学生极大的学习兴趣，进而能充分全面地进行自主学习。

（1）以"物"激"趣"

儿童的思维特点是形象性、具体性，认识事物从感知开始，而感觉器官参加得愈多，认识得也就愈鲜明、确切。教师要根据学生身心发展的特点，充分发掘以"物"激"趣"的直观教学手段，来激发学生学习语文的兴趣。

教师可运用实物、图片、简笔画、投影、录像、多媒体课件等教具教学。实物图片非常容易引起他们的兴趣。在教学《小松树和大松树》时，就特意用绿色的卡纸剪了两棵松树，一棵大，一棵小，姿态很美，老师围绕两棵松树设计了教学的环节。课堂上孩子们觉得很有趣，仿佛他们面对的不是语文课堂，而是在和两棵充满生机的松树对话。因此，我想，作为语文教师不仅要能说会道，还要能写会画。

（2）以"情"激"趣"

儿童是最富有情感的，真情总是激荡在儿童纯真的心灵间。在客观环境的作用下，儿童很易于将自己的情感移入所感知的对象。情趣教学正是利用儿童心灵上这最宝贵的特点，最大限度的发挥了情感的纽带作用和驱动作用。"教材——学生"之间情感的桥梁便是教师的情感。教材蕴涵的情感是靠教师去传递、去强化。教师的真情成了导体，成了火种，可以去点燃学生情感的火苗。而我认为教师要做好真情传递的桥梁，必须用自己丰富多变的语言去实现。

（3）、以"演"激"趣"

儿童喜欢表演，也喜欢看别人表演，那富有情趣的角色形象，不仅唤起他们的新奇感、好奇心，使他们激动不已，而且能产生巨大的角色效应。根据课文需要，让学生担任童话角色、向往角色或身边角色。在这样的情景中，儿童对教材中的角色语言、行为动作以及思想感情，都会有更真切的理解，其语言表达能力、表现能力也可得到有效的训练。

当然在设置表演情景时，可以根据课文内容的不同，设置不拘一格的形式。全文表演、片段表演、化装表演、即兴表演、小组表演、个人表演。总之，生动活泼的表演，能使学生以愉悦的情感，在欢乐的情景中学习语文。

养成良好学习习惯

良好的学习习惯有助于学生学习的进步与提高，有助于学生掌握文化科学知识、发展智力，并对日后产生积极的影响。

因此，作为教师，教学的基本任务就是培养学生养成良好的学习习惯，及时纠正他们个性中的一切不良习惯，这是掌握学习方法、培养思想品德的前提。当然，形成良好的学习习惯，还要经过严格的训练，如：教学中注重培养学生善思善想的习惯；培养学生科学学习及刻苦学习的习惯，会科学安排时间，有计划地支配时间，高效率地利用时间。教师有责任重视培养训练学生学会独立学习、独立思考的习惯，让学生各自发展各自的优势，调控自己的学习行为，做一个能自主学习的人。

　　良好的自学习惯是学生在长期的学习活动中逐渐养成的，也是学生在长期的活动中自动化了的行为，只要教师有目的的培养学生的学习兴趣、责任性、目标意识、按计划学习、独立思考等方面的意识，并经常坚持形成行为动力定势，强化独立自主学习的习惯，教师的教就服务了学生的学，就达到了"授之以渔"的目的。

多边互动掌握方法

　　现代教学提倡师生之间、学生之间的多边互动。教师在教学活动中要多方创造条件，调动学生的学习主动性与自觉性，为学生主动探索提供时间与空间；把学习的主动权交给学生，充分发挥学生的主动作用，必要时让学生自己去发现、去动口、去动手，然后总结出知识的重点和难点，使学生真正成为学习的主人。

　　要引导学生掌握基本的学习过程。每门学科都有自己的特点，引导学生了解学科特点，在此基础上，教师还要教会学生掌握研究学科知识的规律和方法，为他们今后能够自主学习奠定基础。学习过程是学生获取知识的过程，教师要想方设法引导学生掌握学习的一般过程。要教给学生记忆知识的学习方法、抽象概括的学习方法、逻辑推理的学习方法等。教师还可以采取一些手段、方式把学习方法组成一个体系，如：提前预习，寻疑问难，边听边思，作好笔记，及时复习，独立作业，自我检查，自我校正，课外阅读，科学用脑，合理安排时间等。学生掌握了学习方法，也就拿到了打开知识宝库的金钥匙，就能够掌握基本的学习过程，就能够自觉主动地探求新的知识。教师引导学生自主学习，方法是灵活多样、丰富多彩的。

　　总之，教师只有将自己从传统的"苦学"、"苦抓"中解脱出来，以学生为主体，提高学生的自主学习能力和实践能力，变"苦学"为"乐学"，最终才可以实现学生学习方式的根本转变，使学生成为一个自主学习的人，也就达到了"要我学"到"我要学"的转变。当然，要培养学生的自主学习能力是一个慢慢适应的艰难过程，有待于教师的精心指导，但一旦具备了这种能力，将是学生受益终身的事情，能为他们的终身学习打好基础。

5. 培养学生的动手能力

小学生学习数学是与具体实践活动分不开的，重视动手操作，是发展学生思维、培养学生数学能力最有效途径之一，那么我们如何优化操作活动，发展学生思维，培养学生能力呢？

操作方法要恰当

操作方法虽然没有统一的模式、统一的要求，但随心所欲、草率从事的做法是不可取的。经过精心设计，合乎逻辑联系的操作方法，不仅能使学生获得知识更容易，而且有利于提高学生的逻辑思维能力。

例如用展开法探求长方体表面积的方法是不恰当的，也是不可取的。在演示长方体表面积的操作活动前，应制作活动教具，操作时，凭借"体"的形象，用动态演示，突出感知对象，把一组对面先展开，展开时这组对面仍不离开"体"，学生看清楚后，马上把这组对面复合"体"上。这样通过操作，不仅可以让学生从部分到整体综合，归纳出求长方体表面积的一般方法，还可以培养学生的空间想像能力，发展学生思维。

操作过程要有序

小学生的思维，处于无序思维向有序思维的过渡阶段，因此，教师要积极引导和帮助学生渡过这个阶段，训练思维的条理性。在操作活动中，学生的思维是随着操作的顺序进行的，操作程序反映了学生接受的思维过程，反映了一定的逻辑顺序。如果操作的程序混乱，学生的大脑中就无法形成一条清晰的思路。有序的操作有利于学生形成清晰流畅的思路，发展学生的思维。学生在操作活动中，经过分析、综合、抽象、概括的思维活动，思维的条理性可得到提高。

感知对象要突出

心理学研究表明，加大感知对象与背景材料的差异，突出感知对象，对提高知觉的效果具有重要作用。操作活动中要适当突出感知对象，一般可通过颜色、形状、动态、声音和强度等方面来实现。

注意发挥语言功能

在实践操作中，动作和动作之间、直观材料和直观材料之间、动作与直观材料之间往往都存在着一定的逻辑联系，而这些联系，用动作或直观材料都是无法表示的，这就需要善于运用恰当的语言，揭示这些联系，帮助学生建立前后连贯的合乎一定逻辑联系的思路。动手操作后，通过学生的外部语言，完整地复述操作过程，然后通过分析归纳内化为学生的能力，让学生通过语言的表达，促进外部活动的内化。学生的各方面有了显著的提高，进行动手操作的兴趣浓了，让知识"活"了起来，让学生"活"了起来。

动手操作是以学生为主体的教学形式，学生是活动的中心，一切活动都是学生自己设计并参与，学生的个性得到了充分的发展。通过动手操作教学，学生的自信心无形中树立了，主动参与的意识增强了，合作意识增强了，养成了和谐和健康向上的品格。同时，学生的视野也得到了拓展，动手能力得到了提高，语言表达得到了展示。

学生的全面发展是一个过程，在这一过程中，动手操作是促进学生全面发展的有效手段。在活动中，需要大家既竞争又团结、合作，培养学生的竞争意识、团队合作意识和集体主义精神。

6. 培养学生的创新能力

在全面实施素质教育的过程中，培养学生的创新意识、创新思维、创新精神和创新实践尤为重要，知识经济的到来，必将对整个教育思想，教育内容，教育方法和手段，乃至教育模式产生巨大的影响。

作为各学科的基础，语文教学更应切实转变传统教学观念和教学模式，大力实施创新教育，培养学生的能力。要培养学生的创新能力，首先必须激发他们学习语文的兴趣，然后结合语文学科的特点以课堂教学为基点，谋求课外的延伸拓展。下面谈谈在语文教学中如何培养学生的创新能力：

营造和谐的教学氛围，培养创新意识

营造和谐的人际关系有利于师生之间、同学之间的交流，更利于创新能力的发挥。和谐的人际关系关键在于老师，除了平时主动找学生座谈交流外，还应鼓励学生多与老师接触，共同探讨问题，时时了解学生的思想动态。对学生提出的各种问题耐心细致多角度解释。这样在无形中拉近了师生之间的距离，遇到大小问题，学生愿直接找老师解决。

营造和谐的教学气氛有助于学生的创新意识得到发展，作为课堂教学的组织者，学生学习伙伴的教师，应把自己作为普通的一员置身于学生主体中，与学生和平相处，师生感情会更融洽，心理上会更沟通。走到学生中间去，与学生围坐在一起，促膝倾谈，诱导学生积极探索，主动地去发现去领悟，为学生营造一个"敢想、敢说、敢干"的氛围。

当学生碰到困难时，教师应该积极地去帮助他们排忧解难，应该

鼓励他们不要惧怕挫折和失败，培养他们的创新意识。在课堂上多用"我们一起来学习好吗？""你能告诉我们吗？""同学们，你认为这句话该怎样读？请你给我们读一读好吗？""你能说说自己的理解吗？""你觉得这句话该怎么理解？""用自己喜欢的方式学习。""找自己最好的朋友商量。"等语激发学生创新的兴趣。教师的及时赞扬更能使学生受到鼓舞，"你真行！""你很了不起！""老师非常佩服！""真不愧为女中豪杰！""你的说法是个创新！""老师很欣赏你！""你的朗读令人陶醉！""听你读书简直是一种享受！""你的理解能力真强！"……把一声声赞扬送入儿童的耳际，流入孩子的心田。

给他们以亲切感，创设美好的情境，另外运用好体态语言。如：用好眼神，与学生建立视线的接触，目光和眼神亲切自然，饱含着对学生的的信任和期待；用好脸部表情，严肃中有温柔，多对学生微笑，肯定地点点头，把"微笑教学"的艺术带入课堂，让每个孩子都有一种美好的心境，创新意识就孕育在这种心境之中，鼓励学生用质疑的态度去听取老师的讲解，用批评的眼光去看待周围的事物。

开展多种活动，培养学生的创新兴趣

素质教育的提出，要求语文课堂教学必须以学生的自主活动和合作活动为主。学生是实实在在地"学"和"做"，而非单纯地"受教"。语文活动课的开展，正是这种自主与合作精神的充分体现。在活动中，学生的自主意识得以体现，才能得以张扬，因此学习的兴趣非常浓厚。在这种轻松愉快的学习氛围中，学生的创新潜能得到了开发。在实施新教材教学的过程中，教师可以开展下列几种形式的活动课：

（1）组织各种竞赛活动，调动学习的积极性

灵活机动地在教学过程中组织竞赛，比如成语接龙、赛诗会、知

识竞赛、查字典比赛、集体办报比赛、辩论赛等，能使学生在竞赛中学习，在学习中竞赛，这与单纯在考试后排名次是根本不同的。因为在竞赛活动中大都以组为单位，随时可以进行横向交流，可以有效地培养学生的群体意识，也可以最大限度地缩小优生和差生之间的差距。

（2）亲自动手实践，增强学生的理解能力

"实践出真知"。在上《核舟记》之前，教师可以让学生自己找一桃核动手制作小核舟。这个活动虽小，却使学生对课文中明末雕刻艺人王叔远高超的雕刻技艺和独特的才华有了更深入的了解。动手实践，一方面加深了学生对作品的理解；另一方面增强了学生的动手能力，便于拓思启智，引创显才。

（3）自编自导课本剧，丰富学生的想象力

《皇帝的新装》一文最大的特点就是作者丰富的想象力。而想象力又是创新的前提，为此教师可以鼓励学生在合理的原则下，大胆发挥自己的想象力，将课文改编为课本剧，并自导自演。改编是一种创造，表演更是一种创造。汇演时，观看的学生把台上形象与自己创造的形象进行对照，把别人对形象塑造表现的技巧与自己的努力结果相对照，不断调整充实，使形象更为丰富。

以课堂教学为基点，谋求课外发展

有了教与学的互相促动，还需要注重课堂内外的衔接，要做好几个方面的结合，尤其是教材与辅助材料的结合、常规教学与特殊教学的结合、学习与生活的结合。

（1）教材与辅助材料相结合

教材是中学语文教学之本。虽然新教材所选的大多是些文质兼美、人文性强的文章，但语文学科的外延是很丰富的。为进一步拓展教学内容，把学生学习的积极性调动起来，在每一个单元学习的过程中，教师可以鼓励学生推荐时文。推荐的标准为：

第一，力求内容新，即要选择富有时代气息与生活气息的作品。

第二，力求范围广，多补充一些古今中外名家名作，扩大知识外延；

第三，追求大容量的课外阅读材料。为扩大学生的阅读面，可以向学生推荐一些较好的课外读物。教师在教材处理方面，既要注重批判地继承传统文化，又要充分关注与异域文化的交流与融合，既要尊古，又要重今，全面丰富学生的知识结构，调动他们学习语文的积极性，培养其浓厚的兴趣与稳定的学习动机，并努力使之人格化、品质化。

（2）常规教学与特殊教学相结合

创新教学首先需要遵循教学常规，在常规教学中追求独特性、新颖性，把常规教学与特殊教学有机地结合起来，力争使每一个教学环节都能闪现创新的火花。比如针对不同文体，我们可以安排灵活多样的处理方式，以阅读教学中的文言文教学为例。传统文言文教学重视文言知识的积累，包括文言实词、虚词、句式和古代文学常识等。这是符合"继承传统文化"的教学宗旨的，然而由于古今汉语言文字的差异性，学生在学习文言文时往往显得特别吃力，特别被动，特别浮躁。针对这种情况，教师可以多采用一些活泼、有趣的方式。

如在教《童趣》一课时，在疏通大意的基础上，让学生听该课的录音朗读，使他们插上想象的翅膀去感受文章借丰富而又奇特的想象表现出的童真、童趣。第一遍听读时，注意读准字音，读清句子，声调的高低起伏；第二遍轻声跟读；第三遍请学生闭眼想象，将自己化为儿时的"沈复"，身临其境地享受那种闲情逸趣。听完朗读后，学生迅速概括出文中的趣事。教师趁热打铁鼓励学生将儿时的趣事写下来，在班上交流。使学生从中得到美的享受，从而提高学习的兴趣。

因此，我们可以采用丰富的教学形式。

（3）语文与其他学科相结合

语文是一门基础性综合性很强的学科。它的触角可以伸向其他学科的许多领域。我们在组织教学时，要有意识地进行学科间的相互渗透。例如学习《大自然的语言》可以辅以欣赏多媒体课件，引导学生了解大自然丰富的科学知识，评析文学与生物学对相似主题表达的异同，更好地把握两大学科的特点；而《故宫博物院》则可以通过课间投影地理图片，实现语文与地理的"联姻"……通过与其他学科的有机结合，促使知识广泛交叉渗透，可以使学生既涉猎自然科学，又了解社会科学。

（4）学习与生活相结合

"读万卷书，行万里路"形象地说明了学习与生活关系。教师必须树立"大语文"教育思想，从封闭状态中解放出来，将语文教学与社会生活进行"对接"，面向社会，面向生活，面向时代，即以教材为基点，站在社会生活的角度和时代的高度，进行语文教学，缩短教材与学生的心理距离，使语文教学充满生活和时代气息。

一方面让学生学得津津有味、兴趣盎然，一方面让学生领悟到社会生活的丰富多彩，培养其爱国情操和社会责任感。学校是小课堂，社会是大课堂，教师应该鼓励学生在多学习书本知识的同时，积极参与社会实践活动，与大自然对话，与生活对话，与心灵对话。鼓励他们从生活中来，到生活中去，拓宽自身的创造空间，增加自身的创造机会，提高创造技能。

充分发挥学生的自主性，培养创新思维能力

在教学中，从调动学生积极性出发，用发现法学习课文，例如教学《大自然的语言》，多媒体显示一年四季从春到夏到秋到冬的风景。

声屏显示课文朗读。学生听读，初步感知文意，了解主要内容之后，提出：你发现了什么？学到了什么？还有什么不理解？几个方面的问题。要求学生可以在词句运用、文章内容等各方面发挥自己的感悟能力，领悟文章的妙处，可以在某些地方作点批注，然后小组讨论交流，特别要强调能感悟多少就说多少，发现什么就交流什么，看谁发现得多，看谁的思维最敏捷。这样学生学习主动性非常高，投入课堂一"石"，激起了学生思维活动的"千层浪"，课堂变成了学生思维训练的场所。

学生对课本上的知识不教自明，还汇报了大量收集的有关资料，这样课堂上解放了学生的手、眼、口、脑，课堂成为了一个各抒己见的场所，成为了一个探索问题的场所，成为一个人与人思想、心灵交流的场所，成为一个聆听他人的发言、互相启发、取长补短的场所，训练了他们的发散思维和创新思维。充分调动了学生学习的积极性、主动性，大大引发了学生的创造动因，创设了有利于学生创新思维发展的情境，激发了学生学习语文的兴趣，提高了语文教学的效率。

教学中创设情景，培养学生的创新能力

教者要善于挖掘教材，挖掘课文言而未尽之处与情境创设，让学生展开想象的翅膀，锻炼说写能力。在教学中，教师要运用生动形象的语言，创设富有感染性的教学情景启发学生展开联想和想象，把学生引入文章所描述的情景当中，使学生产生身临其境的感觉，产生情感上的共鸣，由此来激发学生学习的热情。

在语文课堂教学过程中，教师必须做到把课堂还给学生，开放学生的情感，为学生创设民主、宽松的课堂教学情景，留给学生学习活动较大的自由空间，教师要通过不断的设疑激趣来激发学生的求知欲，调动学生的主动学习意识。让学生积极的参与，主动的选择，从而使

学生产生创新的欲望。师生之间和生生之间的情感调动是形成良好教学情景、学生积极参与学习的动力之源。

如教《背影》一课时，教师要抓住课题及时设悬提问题。谁的背影？是静态的还是动态的背影？文中对背影的描述是一次大特写，还是几组背影？孰详孰略？这些问题是学生们最想了解的，于是学生在听到教师提出的这些问题之后，很快就能表现出强烈的求知欲望和主动参与学习的愿望。悬念情景的创设，主要是激发学生的好奇心，使学生产生对问题急于追问下去的心理，刺激学生去积极思考。因此，在教学过程中，教师应给学生创设愉悦的教学情景，为学生形象、逻辑、创造等方面的思维提供契机。

"学之者不如好之者，好之者不如乐之者"。只有在宽松愉悦的情景下展开的课堂训练才能加深学生对课文学习内容的理解，同时也能培养起学生创造性思维的能力和相互合作的能力。在一堂课结束时，教师可以通过设置一些悬念情景，有意留给让学生自己回味思考的内容，激发学生继续学习的兴趣。

总之，对于学生而言，能力的培养，就是要用心地营造一个良好的氛围，培养他们的创新意识；耐心地发挥他们的自主性，培养创新思维；细心地引导学生参与，培养他们的创新精神；费点心提倡动手设计，培养他们的创新实践；真心给他们创设情景，培养他们的各种能力。那么我们的学生将会勇敢地面对新世纪的挑战，成为 21 世纪的创新人才。

7. 培养学生的自学能力

素质教育中能力的培养是极其重要的方面，学习能力又是其它能力发展的基础。

数学是研究客观世界数量关系和空间形式的科学。数学学科所具有的思考性、知识的发散性和思想的延伸性，要求学生必须充分利用自学这种学习方法。自学是一种自主、探究、发散式的学习方法，它会使学生更好掌握和理解数学的真谛。

设置悬念，激发学生自学潜能

学生的学习过程既是一个认知的过程，又是一个探究的过程。小学生一般都具有好奇、好问的探究心理。故意设置悬念，能够使学生迅速地由抑制到兴奋，而且还会使学生把知识的学习当作一种自我需要，能引起学生内部认知矛盾的冲突，使学生在疑中生奇，疑中生趣，不断激起学生学习的欲望。例如，一位教师在讲能被3整除的数的特

征时，让学生随意提一个数，无论学生提的数有多少，教师都能很快地、准确地说出它是否能被3整除，学生感到神奇与惊讶，由此产生强烈的求知欲望和主动探索的兴趣，激发了学生的自学潜能。

进行学法指导培养自学能力

教师不仅要使学生"学会"，而且要"会学"。教师进行学法指导时首先要弄清学法指导的内容，然后去思考和落实怎样指导。并且教师要结合实际提供可以操作、能够运用的学习方法。学生通过"学法"到"仿法"最后能"创法"。注意学生的学法迁移，从简单到复杂，从课中到课外，使得课内获得的学法成为课后自学的有效法则。只有这样，学生才会由对知识的被动接受转变为对知识的探究，并逐步形成自学能力。对学生进行恰当的学法指导，可以使学生形成正确的解题思路和方法。这种思路和方法又会增强自学能力，使自学方法更加科学化，自学知识更快速、准确。

让学生自学、自练、自批、自评

教师要相信学生的能力，放开手让学生去做、去说、去论。自学

是一种实践，学生在自学中不仅牢固的掌握知识，而且容易与解决实际问题相联系并形成能力。在教学中要有意识的培养学生这方面的能力。例如，自主探究式的教学方法要广泛采用。要优化课堂结构，改变传统的满堂灌，充分发挥学生的主体作用。教师只要做适当的引导。让学生正确对待在实践中的成功与失败，要做到胜不骄、败不馁。特别要让学生从容的对待失败，树立必胜的信心，明确"失败乃成功之母"。

掌握推理原则，形成数学思想

定理是数学的一个重要组成，而对定理的理解是自学的理论基础。严密的推理是论证和掌握定理的基本原则和方法。对定理的形成过程（推理过程）的认识和理解便形成一定的数学思想和数学方法。

"数学思想是数学的灵魂，数学方法是数学的行为。"对学生进行符号化思想、集合思想、对应思想、统计思想、极限思想的适当渗透，可以加深对数学基础知识的理解，同时也长智慧，使自学时更能高瞻远瞩。数学方法（分析、综合、比较、分类、归纳、类比、转化等）是学生获得知识的方法，也是用知识去分析问题、解决问题的方法。它是一种认识能力，这种能力是自学成功的必要保证。

激发学习兴趣，强化学习动机

学习兴趣和学习动机直接关系到自学的效果，学习动机是直接推动学习活动的内部动力。教师要在平时课堂教学中注意对这方面的引导和鼓励，以便形成正确的学习动机。教师在培养学生自学数学能力时，一方面要对学生说明进行自学数学的意义，另一方面要让学生在数学学习中，获得成功的体验，以增强自学数学的兴趣。数学活动课是增强学习兴趣、激发学习动机的又一个主战场。教师要充分利用数学活动课的优势，对学生及时进行学习兴趣、学习动机的引导和强化。

使学生在成功后有了学习兴趣，在失败时能更加明确学习目标，强化学习动机，使学生从教师"指路"学习，变成自己"找路"学习。

培养小学生良好的自学习惯

在培养自学能力的基础上，教师要培养学生形成良好的自学习惯。培养学生进行课前预习，这是进行自学的一个好习惯，它的好处是可以使学生克服学习的盲目性，增强自觉性，改变被动学习的状态，提高学习效率。教师要注意课前预习，决不能放任自流，特别是对低年级学生，或自学的初始阶段，教师要向学生布置预习提纲，提出思考题和提示自学重点。

如，"约数和倍数的意义"，可以给学生布置这样的预习提纲：在什么情况下，才可以说"一个数能被另一个数整除"？我们说一个数能被另一个数整除时，必须具备哪几个条件？除尽与整除的区别与联系？两个数在什么情况下才有约数和倍数的关系？约数和倍数是相互依存这是什么意思？倍和倍数的区别？这样让学生带着问题去预习，学生阅读时一定会边读边思考，边划句子，同时促进学生积极思维，变被动学习为主动学习。

小学生自学习惯的形成绝不是一朝一夕可以实现的，教师通过经常合理、有效的练习活动来强化，并要适时检验其自学效果。同时要求学生养成课前预习，认真思考，先复习，再作业，注意审题，独立完成作业，反复验证和愿意请求教师或同学答疑等习惯，只有这样学生才能逐渐地形成具有综合特点的自学习惯。

随着社会的发展以及教育科学的发展，新的教学方法还会不断产生，因此，选择教学方法要从所教的课题内容，目的任务，学生的年龄特点，学生的程度和水平，以及学校教学设备等几方面综合加以考虑。做到因时因地，因材施教。

总之，能力是一个人素质的重要方面，自学能力对其他能力的形成又有巨大的推动作用，所以对学生自我探究式的自学一定要高度重视，并进行行之有效的训练。

8. 培养学生的写作能力

现在是提倡素质教育的时代，全面实施语文素质教育已成为21世纪语文教育首先必须研究、解决的重大而迫切的课题。一直以来，作文成了困扰许多学生的大问题，那么如何指导学生作文，使学生敢写、能写、会写也就成了语文教学中一个值得人们讨论的话题。

重视写作前的指导

（1）激发学生的写作兴趣和自信心

众所皆知，兴趣是最好的老师。如何激发学生的写作兴趣呢？观念上的改变很重要，经常鼓励学生："如果你会说话，如果你能识字、书写，你一定会作文。""作文的乐趣在于你能用文字记录你生活中所有开心快乐的事情、印象深刻的事情、平凡琐碎的事情。任何你愿意记录的事情都可能记录。""作文并不单纯是为了练笔，不单纯是为了学会运用你所学的语文知识。它同时是把自己的生活感受说给别人听，把自己的心里话说出来，让别人了解你的感受，分担你的欢乐和悲伤，共享你的收获。"引导学生提高写作的兴趣。

当然，合理的激励也能提高学生的写作兴趣。学生对写作文的兴趣，一是来自外界的刺激：如果我的作文受到老师的表扬……，如果我的作文能够贴在教室的墙壁上，能够被编在班级、年级甚至学校的作文集里……，如果我努力写出的作文被登载在杂志上……，如果我的作文能在作文竞赛中获奖……这些机会，都应该是作为老师的我们去创造的！二是来自于学生的自信：我的作文进步了……，我的作文一向不错……，我写作文一定能写好，我一定能得奖……这样的气势，怎么可能不下决心写好呢？但请相信：这样的自信，是老师抬出来！

因此，请别吝啬我们的笑容，别停住我们的赞扬。如果细心地去挖掘，即使作文最差的学生写作文时都会有闪光的一面。老师的高明之处应在于抓住细小的闪光点大夸特夸，在夸讲的时候一定要夸得十分具体，让学生能明白好在何处，是怎样好的，这样的夸奖既增强了学生的自信，又对全班的学生做了一次有效的指导。

此外，还要培养学生写作的自信心：有些学生怕写作文，是总以为自己不会习作或写不好作文，一见作文就头疼，有如此心理障碍，怎能写出有质量的作文？不必过于强调口头表达与书面表达的差异，应鼓励学生把心中所想、口中要说的话用文字写下来，消解写作的神秘感，让学生处于一种放松的状态，这就是人们常说的"我手写我口"。有人认为，在低年级，学生即便没有"作文"的意识也不要紧，要紧的是让学生敢于写。强调这一点，在中小学生普遍存在的写作恐惧心理的今天，更具有现实意义。

（2）丰富学生的词汇量提高作文文采

杜甫说："读书破万卷，下笔如有神。"阅读是培养语感，吸取知识营养，学习表达技巧的最佳途径。从心理学角度讲，大量的阅读感知了大量的信息和语言现象，这些信息和语言现象积累得越多，书面语言就越发展，对语言的感知能力和理解能力也就越强。

在日常教学中，给学生列出必读的优秀书籍目录，并尽量找到相关书籍放到教室里，鼓励学生多读课外书，尽可能地增加他们的阅读量，拓宽他们的知识面。这些课外读物语言规范，趣味性强，可读性强，很有文学价值，同学们从中吸取了不少营养。

例如《安徒生童话》、《中外历史故事》等，对学写记叙文极有帮助；冰心《繁星·春水》中优美的文笔，对学生更是一种美的熏陶。对名著中那些精彩优美的段落，要求学生熟读并尽可能背诵下来。读得多了，背得多了，久而久之，自然融会贯通，出口成章。阅读理解能力和写作能力就在多读和背诵的过程中潜移默化地提高了。多读还不够，还督促学生做读书笔记，并定期全班交流。这样坚持下来，丰富了学生的词汇量和知识积累，收效是比较明显的，他们在写文章时能比较自觉地运用所学知识，内容充实多了，也提高了作文的文采。

（3）指导学生留心观察积累写作材料

观察是写作的基础，要指导学生注意平时积累，做生活的有心人。生活的积累是写作的源泉，就像罗丹所说的"美是到处都有的。对于我们的眼睛，不是缺少美，而是缺少发现。"因此，我们要培养学生做生活的有心人，善于留心观察身边的事物，到大自然中去陶冶美的性情，到社会生活中去发现美的事物。只有生活丰富多彩，热爱生活的人，他的思想才会活跃，感情才会丰富，才可能写出感人的文章。

（4）课堂上经常进行口头表达能力训练

学生表达能力的体现，首先表现在是否有敏捷的思维和准确的语言表达能力，因此，训练口头表达能力是不能忽视的。《语文课程标准》关于口语的总目标是："具有日常口语交际的基本能力，在各种交际活动中，学会倾听、表达与交流，初步学会文明地进行人际沟通和社会交往，发展合作精神。"在课堂教学中，训练口头表达能力的方法是多种多样的。

例如，课前几分钟讲故事、即兴演讲等方法，培养学生不仅言而"有物"，还要言而"有序"。这样，训练了学生说的能力，增强了思维能力和语言组织能力。除此之外，还组织学生就提出的问题进行研讨或辩论，这样锻炼了学生"言之成理"、"出口成章"的本领。

重视分项写作训练

（1）分析题意，提炼素材

没有材料或材料不足，自然写不好文章。但有了材料如果不精心选材或选材不当，仍然也写不出好文章。因此，要提高学生的写作能力，重要的还有培养学生的分析题意，提炼素材的能力。无论何种体裁的文章，都需要通过材料烘托主题，材料是为主题服务的，因此，在选择材料前，必须要明确文章的体裁及文章所要表达的中心思想。我们有些学生往往舍不得割舍材料，有用没用一起上，这样就会造成"下笔千言，离题万里"的结果。所以，在写作文章时：

首先要明确主题。在教学中除了引导学生注意分析作文题目，培养审题技能以外，还可采用一些具体方法，培养学生概括、提炼的能力。如，让学生把自己作文的中心思想浓缩为一句简短的文字，即提炼出"主题句"。采用这种浓缩法，对提高学生审题立意的技能，是十分有益的。

其次，要选取典型材料。即那些反映事物本质、有代表性有说服力的材料。同时，还应注意材料的真实性和可信性。

第三，创意要新颖。即作者在文章中所提出的见解，所抒发的感受，不落俗套，否则人云亦云，则没有新意。

因此，在写作训练中，应拓宽学生视野，鼓励学生大胆想象，在文章中体现自己的独特性，这样就会抓住读者，给人一种新鲜醒目的感觉。要做到创意新颖，关键是写作的角度要新。生活中惊天动地的大事很少，大多是平凡、琐细的小事。但是若不能往深处思考，文章难免流于平庸。

（2）培养语言能力和思维能力

当前，学生写作能力较低，一般表现在语感不强，语病较多，思路俗套，思维陷入混乱，大都是语言、思维方面的问题。因此，作文教学应以发展语言能力和思维能力为重点。《语文课程标准》在"总目标"中特别提出了"在发展语言能力的同时，发展思维能力"。要真正提高学生的写作能力，仅靠课堂作文是远远不够的，一定要多写。练笔的过程本着循序渐进的原则，先做单项片断训练，例如动作描写、语言描写、校园景物描写等；然后聚零为整，做综合性的命题作文或材料作文的训练。命题作文的训练重点是审题、立意、谋篇、布局等。材料作文除此之外，还有如何理解材料、运用材料、选择角度、联系实际等问题。

（3）提高书面写作能力

主要进行模仿性写作练习，因为我们的课文就是很好的范文，在学习了文章的写作技法、特点后，可以让学生模仿范文自行命题。如学习了《回忆我的母亲》、《我的老师》等，让学生模仿其写法，写一些写人的文章等；学习了说明文《桥梁远景图》，可以让学生模仿说明文的写作特点，介绍自己的小发明、小制作等。类似的写作训练，既结合了教材，又可跳出教材的框框，能较好地调动学生的写作积极性，对所学的文体能较好的掌握和训练。

另外，可收集一些材料、漫画、哲理故事等，让学生根据所给的内容进行写作，这样既培养学生的观察力、锻炼思考力、发挥想象力，又能挖掘出学生的思想深度和认识程度，既培养了学生写作的基本能力，又开发了他们的智力。

重视写作后的评改

（1）上好每堂作文课

作文教学中应充分发挥教师的主导作用，这是教师对学生写作能力形成过程中的启发、引导。如果我们教师在作文课上不是就某一文题讲某一写法，而是重在引导，充分调动学生的主动性，那么对培养学生分析问题的思维能力，快速写好作文将是大有裨益的。因此，教师应把作文课看成是培养学生写作能力的训练课。

（2）引导学生重视修改

为切实提高学生的写作水平，《语文课程标准》很重视修改，以及修改中的合作。叶圣陶先生的话值得深思："着重培养学生自己改的能力，教师只给引导指点。该怎么改让学生自己考虑去决定，学生不就处于主动地位了吗？培养了自己改的能力，这是终身受用的。"这段话为我们指明了作文批改创新的方向。鲁迅曾说过："好文章是改出来的"，因此，在作文教学中要特别注重对作文的修改。

①自评自改。每写完一篇作文，要求学生先静下心来想一想自己最想说的是什么，是否已经把自己最想说的表达出来了，也就是让学生想想自己是否抓住了重点，重点是否突出，接着自己读作品，重新感受一次写作的过程，找出自己最满意和最不满意的地方，肯定自己的进步，对不满意的地方进行修改。

②互评互改。在学生自改的基础上，让学生自愿结成小组，把自己的想法和同学说一说，把自己的文章给同学读一读，然后同学们谈谈自己的修改意见，指出优点和不足，因为学生的眼光有相通之处，能发现作文中出色的地方，也能对作文中存在的问题提出中肯的修改意见，这样，不但使学生品尝到成功的快乐，更激发了学生自主学习的兴趣，让兴趣带动自主评改，促进作文水平的提高，而且学生在合作评改中学会了交流，学会了取长补短。另外，为了提高互评互改的积极性，在互评互改后，要求每组推荐一篇最优秀的文章参加全班的评比，这就使得小组在共同目标的激励下，各展所长，团结协作，使互评互改更实在、更有效，从而促进全体学生共同发展。

③教师评改。在学生写作时教师及时的帮助和点拨可使学生在

"山重水复疑无路时"产生"柳暗花明又一村"的感觉，而批改作文时更应起到实效性的作用。因此，在批改时尽量面批，多鼓励，对写的好的学生多从方法上点拨、启发，起到指导下次作文的目的。对写的差的要尽量找出文中的闪光点，哪怕是一句话或一个词，肯定他们在写作上的积极性和进步之处，对不足之处婉转指出并加以指导，这样不但培养了他们写作的兴趣，同时也增加了他们的自信。

（3）养成良好写作习惯

《语文课程标准》还注重学生养成良好的写作习惯，例如对书写、行款、标点，对作文的修改，都有一些常规要求。只有有了好的作文习惯，才能写出好作文来。如果一个学生养成了好的作文习惯，那他写作就会事半功倍了。学生写作时注重"信心、恒心、精心"的培养，使学生在作文训练中，逐步养成良好的作文习惯，提高作文素质。

只要内容健康，学生想写什么就可以写什么，而且想怎么写就怎么写——可以写真诚的崇高情怀，也可以写有趣的平凡生活；可以写壮美的眼前景物，也可以写梦幻般的未来世界；可以与老师对话，也可以与名人商榷；可以评论经典的手法，也可以勾勒名篇的梗概；可以写"大江东去"的奔放，也可以写"小桥流水"的婉丽；可以鄙薄蜜蜂，也可以赞美麻雀……总之，学生的文字，应该是掠过晴空的云彩，既美丽多姿，又呈现出个性的色彩。

总之，在素质教育时代，语文作为"基础的基础"，应重视语言教学，而语言教学中能力的培养，重在写作能力的培养。因为对学生作文能力的考核，实际上是对其思想认识水平、知识水平、能力与智力的综合性考核，这种考核能在一定的广度与深度上，反映出学生实际的语文水平、运用祖国语言文字的能力。

由此可见，提高学生的作文能力是十分必要和重要的。教师必须增强教学的主体意识，不断探索灵活多样的教学方式，积极为学生创造更多的参与教学活动的机会。只要我们从不同渠道激励学生，他们会感受到习作是一种令人愉快的事。

9. 培养学生的听说能力

著名教育家叶圣陶先生曾指出：在语言文字的训练"听、说、读、写"四个字中间，"听、说"最基本，听说的功夫差不多，"读、写"两项就容易办了。叶老以精辟的语言阐明了口语训练的重要性和学习语文的基本规律。美国口语专家罗斯的一份研究结果也表明：在语言交流活动中，听说方面所占比重很大，听是获得信息，摄取信息和发展智力的重要途径，说是输出信息，用口语表达形式表述自己所见所闻所想。由此看来，培养学生的听说能力，既是日常生活的需要，又能促进读写能力的提高和思维的发展，只有提高听说能力，才能全面提高学生语文素质。

增强听说意识，激发听说欲望

首先，教师要不断提高自身素质，为学生营造良好的语言环境。作为一名语文教师，应具备较深的文学修养，通过大量阅读古今中外的文学瑰宝，丰富自己的语言，用规范准确、清新优美，沁人肺腑的语言感染学生，使之产生对教师的敬慕之情，增强对语言学习的兴趣。

其次，教师要充分相信学生能力，让学生敢说，想说。教师要有把一个张不开嘴的学生培养成一个优秀演说家的信心。鼓励学生克服胆怯心理，肯定其进步。同时，要重视群体活动，调动全面参加，可安排让学生自由说，同桌说，小组交流等方式，让每个学生有说的机会，在听说的基础上双向交流，锻炼听说能力。

拓展听说渠道，提供听说空间

（1）以课堂教学为主渠道，培养听说能力

统编教材图文并茂，语言优美，为我们提供了训练听说能力的极好条件。因此，我们要紧扣教材，把培养学生听说能力贯穿在语文教学的各个环节之中，由浅入深，循序渐进训练学生听说能力，使阅读教学真正成为锻炼思维，训练语言的主要途径。

（2）通过口语交际课，培养学生听说能力

口语交际课是专门为培养学生的听说能力开设的，教师要针对学生年龄特点，充分利用这一阵地，有目的，有计划地进行听说训练。在内容的选编上，要以课本上的口语交际，学生熟悉的学习，生活游戏为内容，方法上力求多样，让学生在育乐和童话的世界中畅游、联想，在轻松愉快的情绪中练听练说。

（3）参加社会实践活动，培养听说能力

学习知识，培养能力的关键是运用。要有"大语文"的观念。教师要以"走出教室，进入社会"为宗旨，带领同学们参加校外活动，布置采访（如：每天看电视对青少年有利还是有弊？""双休日你在干什么？"）在学生当中展开采访讨论，活动课上把自己调查分析的情况汇报给大家。

教给听说方法，提高听说效率

听说能力培养有多种形式，要以激发兴趣为前提，以循序渐进为原则，以引导学生观察为基础，以思维训练为核心，熔思维和语言于一炉。

（1）朗读法

朗读是学生口头表达的基础，它既能让学生积累表达规范的语言，又能让学生体验到规范语言的价值，进而建立起学习语言的目标。一方面让学生多听录音朗读和教师范读，通过听来感受语调、语气的变化和语言的情感。另一方面在学生理解课文的基础上，训练将作者的思想感情转化成学生自己的"口头语"去充分发挥。如分角色朗读，换角色演讲，"课本剧"表演等。长期训练，学生不但可以积累丰富而规范的语言，而且能不断增强语感，使学生水到渠成地准确用语，表情达意。

（2）复述法

这种训练必须在学生熟读、记忆、理解课文内容的基础上进行，根据不同年级段可用按课文内容详细复述，简要复述，创造性复述等。

如《狼和小羊》这一课，用对话形式来反映主题的，可用按课文内容详细复述的方法。复述时，要求把原文中的对话记下来，然后按狼和小羊的不同性格的语言特性分成作者、狼、小羊三种角色表情朗读、口述、表演，从读到说再到表演，学生学得快。

如《爬山虎的脚》这一课，采用投影片演示的方法，突出文章中扼要复述"脚"的部分。然后引导学生集中地讨论"脚"的特征，用描写"脚"的词和句连成扼要的一段话，要求学生简要口述。

（3）课堂分析法

让学生对课文内容，写作方法等展开讨论研究，是训练听说能力的基本方法之一。像许晓慧成功运用的合作学习法，魏书生的"五步自主学习法"，很值得我们借鉴运用。如教《镜泊湖奇观》时，我让学生根据课前预习要求和课后练习自主学习，然后各自汇报自己学懂的内容，提出不懂的问题，再集体展开讨论，各抒己见，取长补短，从而提高认识水平，锻炼能力，发展思维。

（4）看图法

看图说话是指导学生通过观察、理解画面，进行听说训练的一种形式。

首先，要选好图画，可以是课文插图，也可以是其他贴近儿童生活实际的，图意要明确，联系点要多，使学生既能抓住主要内容，又能围绕主要内容从不同角度去看、去想、去说。

其次，要设计好教学思路，把指导看图与指导说话有机结合起来，看图说话要按"观察——理解——表达"的思路进行训练，在按照老师提出的问题，把观察理解的内容说出来的同时，要注意发展学生的思维，培养他们的联想和想象能力。

如老师讲《三只小兔》故事的前半部分，三只小兔遇到了一只凶猛的老虎，它们就拼命地逃，边逃边想办法，三只小兔想出了什么办法呢？让学生看图给故事加结尾，图上有树洞、小河、大象、独木桥、陷阱，学生充分运用图上提供的条件，想出了很多办法，这是一次观察、思维、表达和创造能力的综合训练。

（5）创设情境法

创设情境法就是教师设法把学生引入某种假设的情境之中。如练习打电话；扮演小记者；介绍自己最喜欢的一本图书，然后互相借书，并说明想借这本书的理由；一部分学生扮演售货员和顾客，在表演买卖东西之后，观看学生评选出"优秀售货员"和"文明顾客"，并说明理由——中高年级还可以根据学生情况设计一些讨论题，为学生创造口语训练的情境。

（6）听故事法

小学生最感兴趣的是听故事，根据小学生这一心理特点，我们可常组织学生听有较强趣味的故事，并要求学生说出重点、交互设疑、释疑、解惑、复述故事，自编自述，接龙讲述，接段表演等，不拘一格，让学生"八仙过海，各显神通"。

总而言之，听说能力的提高，要以教材和生活实际为凭借，将训练落到实处，才能达到预期目的。

10. 培养学生的审题能力

每次作业、考试中，我们总会遗憾地发现，许多学生解题错误的原因是没有看清题目，没有读懂题目的意思。只要教师再把题目读一读，或者让学生再重新做一次，他们就会做对了。于是，我们在分析错题原因时，往往会给这些学生戴上粗心、马虎的帽子。深入分析，是不是粗心、马虎惹的祸呢？其实，在粗心、马虎的背后暴露的正是学生审题能力的薄弱。从学生看到题目到动笔解题之间有一个非常重要的过程，这个过程便是审题。

审题是解决问题的基础和先导。审题能力是一种获取信息、分析信息、处理信息的能力，它需要以一定的知识水平为基础，更需要有良好的读题习惯、有效的思考方法为保证。这种能力的获得并不是一蹴而就的，它需要有一个学习、积累、反思、巩固、发展的长期过程。从低年级开始，教师就应关注学生审题能力的培养，帮助学生逐渐养成良好的审题习惯，形成较强的审题能力。

动口朗读

读题是培养审题能力的第一步，通过读题，使学生明确题意，为进一步思考作准备。教师在教学中要根据学生的年龄特点，对读题的形式和要求做出明确的规定，如可以大声读、轻声读、默读，要读通句子、不漏字、不添字等，低年级的学生识字量少，阅读速度慢，理解能力弱，这就需要教师有计划、有目的地进行读题方法的指导。

（1）解决音义，读通

低年级学生的识字量少，认识生字是读懂题的基础。当我们教师呈现有文字的题目时，必须把学生不认识的字注上拼音，带领学生认读，对学生不理解的生字和词语适当进行解释。

（2）认真仔细，读准

我们经常会发现，很多学生在解决问题时经常会用眼睛扫一遍，就急于动笔了，因为他们感觉这是平时见过的问题，事实上题目并不是他们"经验"里的样子，题目的意思已经发生改变。低年级的学生，尤其是一年级的学生还没有达到一定的默读能力，出声轻读、用手指读能帮助他们不漏字、不添字，读懂意思。同时，要求学生轻读后再默看题，详细理解题目的意思，逐步提高读题能力。

动眼观察

对题目意思能正确领会，还需要对题目进行正确、全面的观察。心理学认为，在观察的过程中自始至终地伴随着思维活动。低年级题目大多都是以图文结合的形式呈现在学生面前的，因而在数学教学中，要提高学生审题的能力，教师还必须有意识地引导学生学会观察，培养学生的观察能力，进而提高学生的审题能力。

在低年级尤其是一年级的课堂上，我们经常会遇到由于学生的年龄特点，他们在观察事物的时候，往往被一些表面现象所吸引，如情境图中艳丽的色彩、可爱的形象等。因此，教师在学生读图时要有针对性地进行引导，避免使学生的注意力集中在一些无关的信息上。教师在学生观察主题图时可以这样导入：小朋友，这幅画美吗？在这幅美丽的图画中，有哪些小动物呢？这就直接把学生的注意力引向主要的信息，以便在教师指导下通过进一步观察发现数量间的特点和关系。在课堂上，教师自己的教学语言首先要简练明确，对学生的观察要求要指向清晰，尽量把学生的注意力吸引到有价值的信息中去。慢慢地，学生就能学会从数学的角度来观察画面，寻找有用的数学信息来解决实际问题。

动手操作

审题是一个对题目中的有用信息进行输入、处理，然后输出的复杂过程。数学语言的精练、抽象和理解能力的薄弱在客观上增加了低年级学生审题的难度。为了帮助学生更好地理解题意，有时我们还需为学生提供动手操作的机会，让学生感受到动手操作也是一种很好的审题方法和思考策略。

折折剪剪。在解决有关空间与图形的问题时，教师可以让学生在动手折折剪剪的过程中，理解题意，解决问题。如：把一张长方形纸折一次可以得到哪些图形？用两个完全一样的直角三角形可以拼成哪些图形等等。教师必须让学生有充分的时间折折拼拼，帮助学生有效地理解题意，正确思考，并在解决问题的过程中培养空间观念。

画画点点。在低年级，有许多实际问题的信息需要到情境图中数一数得到。正确数数是低年级学生必须掌握，也是最容易掌握的一个基本技能。如果学生在数的过程中没有比较好的方法，往往会出现数错的现象，从而导致解题错误。解决这样的问题，可以要求学生"留下痕迹数数"，即有顺序地数，边数边作记号，帮助学生达到正确数数、仔细审题的目的。

动脑思考

引导学生在审题过程中养成仔细推敲，耐心思考的习惯。要善于抓住题目中的关键字、词或句，准确理解其表达的意义。如在"小明有10张画片，比小红多3张，小红有多少张画片？"中，"比小红多3张"，到底是谁的比小红多，谁多，谁少，只有让学生在审题中仔细推敲、咬文嚼字，才能真正理解题意。尽管有些题目文字极其简单，但我们审题时却不能有半点马虎，为了让学生能把认真读题、仔细推敲的过程表现出来，强化学生认真审题的意识，要求学生一边读题，一边圈圈画画，把重要的字词圈起来，提醒自己注意。

审题能力的培养并不是一蹴而就的，它是一个学习、积累、巩固、发展的长期过程。它要求教师把此培养目标渗透在日常教学中，坚持不懈地引导学生练习读题、审题，做到"眼到、口到、手到、心到"。在实践中努力提高学生的审题能力，培养学生良好的审题习惯。

11. 小学生阅读能力的培养

阅读是人类获取知识的基本手段和重要途径，加强阅读教学是培养未来人才的需要。阅读教学是培养听说读写能力的重要环节；阅读教学是小学语文教学的中心环节。培养阅读能力是小学语文教学的重要组成部分，对学生进行阅读能力培养，使其掌握正确的学习方法，养成良好的习惯，可以开阔视野，提高成绩，开发智力。阅读教学具有丰富知识，锻炼思维，发展智力，陶冶情操，培养品德的作用。那么如何尽快地使学生掌握良好的阅读方法、提高阅读能力呢？

培养学生掌握阅读的方法

语文课程必须根据学生身心发展和语文学习的特点，关注学生的个体差异和不同的学习需求，爱护学生的好奇心、求知欲，充分激发学生的主动意识和进取精神，倡导自主、合作、探究的学习方式。

阅读教学的目标是：能主动进行探究性学习，在实践中学习、运用语文，具有独立阅读的能力，注重情感体验，有较丰富的积累，形成良好的语感，学会运用多种阅读方法。培养和提高小学生阅读能力是小学教学的基本任务。小学生阅读能力的发展经历从低到高的过程，需要教师教给他们基本的阅读方法，帮助他们培养良好的阅读习惯，引导他们进入阅读的"大门"。

培养阅读能力的最终目的是使其成为独立的高效率读者，但这并不能一挥而就，在训练开始之际，教师应通过示范、提醒、启发等方式"扶"他们一把。随着学生对基本方法的掌握及其阅读水平的提高，教师则应减少干预，慢慢放手。

在教学活动中，学生最反对的是教师无休止的讲授再讲授，就像一个妈妈，反复唠叨孩子，孩子必起逆反心理，一般达不到预期效果。

因此，教师在讲课文时，尽量做到精讲多读，在整堂教学活动中，教师只当配角，不当主角，只当导演，不当演员，只传授孩子理解课文之方法，不包办代替孩子的主观意识。讲读课文教师只引导孩子们理解难懂的重点句、重点段。通俗易懂的句段，则充分让孩子们反复读，反复念，让其读出情感，念出含义。阅读课文教师则全权放手，让学生自读、自疑、自己解决问题，遇到较难的先让他们互议，教师再做适当点拨。这样以来，学生的学习兴趣得到了充分发挥，学习的主观能动性得到了提高，知识水平和能力也得到了相应的升华，教学任务完成得轻松愉快。

培养学生自主阅读的能力

独立阅读能力的培养，离开学生的阅读、思考只是一句空话。在阅读教学中，学生是主体，是学习的主人，教师是为学生的学习服务的。学生自己要有充分的时间读书、思考，读不懂的提出来，师生共同讨论；读懂了的讲出来，大家互相讨论、交流；全班经过讨论还理解不深不透的，教师再引导学生深入读书、思考、讨论，教师也可以给以必要的讲解。

优秀的教师在讲授新课时都是先让学生自己读课文，读后谈自己印象深的地方或感受等，再引入新课的讲读。学生谈的不一定符合教师的心意，但确是自己印象深、受感动的地方，是学生真实的感受。经常这样训练不仅能培养学生的理解能力，而且能体现和落实学生的自主学习，增强学生的自信。教师把学习的主动权交给学生，学生的积极性才会被调动起来了，思维也就活跃起来，对于课文中的语言文字、思想情感等必然会有许多不同的理解。

学生往往会提出让教师预料不到的问题和想法，教师应对学生发表的不同意见持欢迎态度，对学生那种克服从众心理，敢于发表创见的精神予以充分肯定，并在教学中因势利导，使提出的问题妥善解决，使不同意见得以发表，切不可压制、打击学生的学习积极性，只要有道理，就要给予肯定和鼓励。这样极大地调动了学生的学习积极性，课中学生的发言更加积极，气氛异常活跃。

培养学生广泛阅读的兴趣

要提高阅读能力，光靠课堂教学几十篇课文是远远不够的。教师要经常讲述自己阅读读物后的收获和体会，用"现身说法"激起学生情感上的共鸣，使之产生强烈的阅读欲望。同时有计划有目的地搜集一些关于读书的名言，进行评说、欣赏；讲述名人读书成才的故事，进行对比、教育，从而激起学生对读书人的崇拜，对书的渴望，形成与书本交朋友的强烈意向。这样学生就会在课余时间主动地进行广泛的阅读尝试。这时教师就要积极鼓励学生多读书、读好书。

在教学中，我们有时会遇到这样的情况：学生提出的问题，教师也一时也难于解答，这时可以发动学生通过课外阅读把疑难解决。由于学生多看课外书，既提高了阅读能力又增加了科学知识，同时还增强了阅读的兴趣。在教学中我们还常常发现，有的学生在回答问题时能恰当地用上许多在教材没有学过的词语，可见，学生是在课外阅读获得知识。

因此，激励学生广泛阅读是提高阅读能力的途径。平时，教师要注意适当地介绍符合学生接受水平的读物让他们阅读，教师还要启发学生运用教学中学到的阅读方法进行阅读。常此以往学生的阅读兴趣就渐渐培养起来了。

　　学生广泛阅读，必能丰富知识，开拓思路，这无疑是小学生朋友阅读能力的好方法。阅读能力，对一个学生来说，是一种十分重要的能力，同时也是学生应该具备的一个重要素质。阅读能力的强弱，与学生获取知识，提高学习兴趣，增长见识，以及培养自学能力等方面都有密切联系。小学生阅读能力提高了不但能够加强小学生在阅读中的情感体验，而且可以让学生积累丰富的语文知识，形成良好的语感；能让小学生去理解、鉴赏文学作品，从而受到高尚情操与趣味的熏陶；同时也能发展他们的个性，丰富他们的精神世界。

　　知识来源于实践，阅读能力也是在实践中形成的。阅读能力的掌握与否，是检验阅读教学成功与否的试金石。因此，我们的语文教学绝不是单纯的传授知识，还应"授人以渔"，这样才能真正达到语文教学的目的，全面提高语文素养。

12. 中学生速读能力的培养

　　我们做任何事情，都应首先明确目标，做好精神上和物质上的准备。否则，是很难把事情办成或办好的。同样，我们要能较快、较好地培养学生的快速阅读能力，首先就得让学生明确快速阅读的目标。

明确快速阅读的目标

（1）明确主体目标

　　这是就阅读者主体而言的，要求阅读者主体即学生，应该明确自己在阅读方面擅长什么，不擅长什么。即应了解自己懂得快速阅读的哪些知识，不懂得哪些知识，应该在理论上重视弄懂自己不懂的快速阅读的知识。有了正确的理论方法指导，实践就成功了一半。其次，要求阅读者主体即学生，应明确自己对阅读材料方面的知识知多少，对于自己不懂的，应找机会弄懂，力求使自己的知识、技能更丰富、更全面。不能扬长避短，而只能是查漏补缺。

（2）明确客体目标

①明确试题目标。对于学生来讲，虽然他们学习的目标是渴求知识，但直接的现实目标还主要是为了应对考试。而近年来的各种类型的语文试题中，阅读理解题的比重都是很大的，并且，学生答题时都比较被动，盲目性很大，因此，我们必须引导学生养成答题前弄清题目要求的习惯，搞清楚试题要求学生回答的是语音知识，或词语理解，或词语运用，或是句子分析等等。尤其是近几年试题中出现了一些较灵活的阅读题型，如词、句、段歧义的分析、辩证等。

②明确自我阅读目标。由于学生学习负担本来就很重，学生每天的课外阅读时间至多有两小时。所以，采用快速阅读来充分利用这可怜的两小时，必须有明确的快速阅读目标。关于总体阅读计划，本文不赘述，只谈单个的一次阅读活动的目标。这就是，指导学生首先速读书前的序言，书的后记，或刊物的目录，或报纸的各版大标题等，了解其大致结构，揣度其内容框架。筛选出自己要寻求的信息范围，如人物形象、环境的描写，语言的运用艺术或是知识性文字的某个知识点，或是该文章的写法，或其它科技知识。

③明确阅读对象特色。因为对阅读对象的文体规律性特色的了解程度，直接影响到阅读的速度。比如，议论文，就要涉及到论点、论据及论证，讲求语言的逻辑性和语言的书面化等，而小说则更多的是讲求塑造成功的典型形象，通过形象来反映社会生活，而语言方面的要求是更讲求形象性和生活化等。如果我们像阅读小说那样只注重议论文的形象性，那将导致事半功倍。

又如，人们发的一封电报，文字简略到几乎不能再简略的几个字或几十个字的程度，但如果是写成一封信，那文字恐怕就会增加到几百字甚至几千字。其实，它所包含的阅读信息量也还是电报那点。了解了这一层，我们即使是快速阅读这电报，也必须一字一字地"看"在心里，而不能像阅读这信那样"一目十行"，甚至有些句、段根本就不看。对于这个问题，有的还涉及到作者的文风和学风、写作背景等因素。因此，学生只有在阅读前明确阅读材料的文体特色，才能更好地加快阅读的速度，提高阅读的效率。

实践证明，学生在阅读前明确了这些目标，就能更好地减轻阅读负担，从而提高阅读的速度。

交给快速阅读方法

使学生明确了快速阅读的目标，还仅仅是具备了速读的一个基本条件，其更重要的、带有关键性的条件乃是懂得快速阅读的方法，并把这一方法较灵活地运用于阅读实践中去。

所谓快速阅读，是指利用视觉运动的规律，通过一定方法的训练，达到变声读为视读，以记忆快、理解快、阅读快为标准进行阅读的科学阅读活动。当前，对于速读的研究还处于初期阶段，还没有一套较系统的科学方法。这里只谈点肤浅认识，只根据前文的定义来说明我们在教学中应交给学生一些学习方法而已。

根据人在阅读时的眼跳规律和"视读野"的特点，人眼在眼停时具有摄取相当多的文字信息的能力，不仅如此，它还具有把摄取到的大量信息及时传递到大脑的能力。因此，人就能够通过一定的快速理解方法，把输入在大脑的信息整理加工，快速记忆掌握所需要的信息。

实践证明，传统的声读方法已不能适应现代科学文化现实的需要，必须变声读为视读，提高视觉扫描的速度，在不影响理解和记忆的前提下，尽可能地扩大"视读野"，充分调动大脑的积极性，综合左脑得来的信息，并充分利用右脑的图式认识能力，从而提高阅读速度，对于快速阅读的速度，到底以多快为标准，综合诸位专家的测定，一般中学生以每分钟600字左右的速度阅读，是切实可行的。当然，这个速度也只是就一般情况而言的，我们要能使学生很好地进行快速阅读，其实际情形又是极为复杂的。我们要能较好地培养学生的快速阅读能力，既要针对学生的阅读情形、知识水平和教学实际，也要看阅读材料本身的难易程度等灵活运用。

培养快速阅读能力

快速阅读能力怎么培养呢？除了前文所谈的使学生明确快速阅读的目标，交给快速阅读的方法外，还得进行一些必要的快速阅读课堂训练和快速阅读习惯培养。

（1）快速阅读课堂训练

①提出要求，讲明目标。提出本次训练要达到的目标、训练的题目。开始训练时，可提示该次训练的目标，逐渐地就取消了目标提示。题目由单一逐渐到复杂全面、循序渐进地过渡。最初训练，可只注重字词的注音、注释的运用，这时就可采用"误读"，然后到训练语、句的诠释、运用、"误读"，再到段、篇的分析；最后是对一些有较高艺术成就的作品进行艺术鉴赏。使学生得到比较系统的、反复的整体训练。

②给予材料，规定时间。所给予的材料，既要讲求新颖、规范化，又要注意地道、大众化，还要针对学生实际，循序渐进，由语言通俗化、大众化、内容单一的材料，逐渐加深到形式多样化的、内容复杂的材料。总之，注意材料的丰富性、多样性。同时，选择的材料要讲求知识性，使其通过对该材料的阅读，既培养了快速阅读的能力，又达到了学习知识、培养分析问题、解决问题的能力的目的。

对于时间的规定，一定要注意科学性。即是说，所给的时间，不能过多,导致达不到快速阅读训练的目的;也不能过少,导致学不到知识、回答不了问题的后果;而应是针对学生实际,以全班中等偏上一些学生的阅读水平为准。一般地讲,要求初中学生每分钟阅读500~600字,要求高中学生每分钟阅读600~700字为标准。同时还要给予适当的思考时间。所有这些,都应在实际运用中灵活处理。

③到时检查,纠正评析。规定的时间一到,应立即交卷,严格检查、总结、纠正错误答案。重要的是对典型的错误进行精到的分析,找出其产生错误的原因,提出补救的办法。而且,检查评析,还要注意兼顾评析上、中、下各等级学生的答案。实践证明,最好是采用现身说教法,即由答案正确的学生介绍自己怎么地进行快速阅读的,把他成功的思路介绍给其他同学;同时,由答案错误的学生谈自己的错误思路,老师纠正;对于根本就没能按时完成的学生,更应让他们谈自己的阅读情况,然后给予正确引导。

（2）快速阅读习惯的培养

俗话说"习惯成自然"。只要形成了习惯,要改也难。所以,我们要想切实有效地培养中学生的快速阅读能力,单靠课堂那点训练还远不够,还必须重视习惯的培养。这包含两层意思:

①相对于教师来讲。我们对学生进行快速阅读能力的培养要养成习惯。除了要求背诵默写的课文和需要逐字逐句进行讲解、研讨的课文外,都应进行快速阅读的训练。即是说,每个单元,可重点讲析、研讨一两篇课文,其他的课文,就可大胆地按照前述的"课堂三步训练法"进行快速阅读训练。既可进行篇与篇的快速比较阅读,也可选择该篇中精彩的片断进行快速阅读。既可口头回答,也可书面回答。

②相对于学生来讲。既要通过课堂训练逐步养成习惯,更重要的是在生活中的阅读养成快速阅读的习惯。其实,生活中的快速阅读的机会是很多的,而且是快节奏的生活逼迫人们必须在尽可能短的时间

里掌握尽量多的阅读信息。

所以，从社会的角度讲，培养学生的快速阅读习惯是可行的，也是势在必行的。

13. 中小学生创造能力的培养

教师应发挥知识的智力因素，鼓励学生创新思维和主动探究；课堂教学要发挥知识的智力因素，培养学生的创新能力、好奇心和个性；激励学生大胆探索，培养学生的创造能力。

教育本身就是一个不断创新的过程，教师必须具有创新意识，改变以知识传授为中心的教学思路，以培养学生的创新意识和实践能力为目标，从教学思想到教学方式上，大胆突破，确立创新性教学原则。

利用创新教育教育学生

一提到创新教育，往往想到的是脱离教材的活动，如小制作、小发明等等，或者是借助问题，让学生任意去想去说，说得离奇，便是创新，走入了另一个极端。其实，每一个合乎情理的新发现、别出心裁的观察角度等等都是创新。一个人对于某一问题的解决是否有创新性，不在于这一问题及其解决是否别人提过，而关键在于这一问题及其解决对于这个人来说是否新颖。学生也可以创新，也必须有创新的能力。教师完全能够通过挖掘教材，高效地驾驭教材，把与时代发展相适应的新知识、新问题引入课堂，与教材内容有机结合，引导学生再去主动探究。让学生掌握更多的方法，了解更多的知识，培养学生的创新能力。

建立新型的师生关系

创设宽松氛围、竞争合作的班风，营造创造性思维的环境，罗杰斯提出："有利于创造活动的一般条件是心理的安全和心理的自由"。

首先，要使学生积极主动地探求知识，发挥创造性，必须克服那些课堂上老师是主角，少数学生是配角，大多数学生是观众、听众的旧教学模式。因为这种课堂教学往往过多地发挥教师的主导作用，限制了学生创造性思维的发展。教师应以训练学生创新能力为目的，保留学生自己的空间，尊重学生的爱好、个性和人格，以平等、宽容、友善的态度对待学生，使学生在教育教学过程中能够与教师一起参与教和学中，做学习的主人，形成一种宽松和谐的教育环境。只有在这种氛围中，学生才能充分发挥自己的聪明才智和创造想象的能力；

其次，班集体能集思广益，有利于学生之间的多向交流，在班集体中，取长补短。课堂教学中有意识地搞好合作教学，使教师、学生的角色处于随时互换的动态变化中，设计集体讨论、查缺互补、分组操作等内容，锻炼学生的合作能力。特别是一些不易解决的问题，让学生在班集体中开展讨论，这是营造创新环境发扬教学民主环境的表现。学生在轻松的环境下，畅所欲言，各抒己见，学生敢于发表独立的见解，或修正他人的想法，或将几个想法组合为一个更佳的想法，从而在学习过程中，培养学生集体创新能力。值得注意的是，任何合作，都不要让有的学生处于明显的从属地位，都是应细心把握，责任确定到每个学生，最大限度调动学生的潜能。

培养学生创新能力

教师应当充分地鼓励学生发现问题，提出问题，讨论问题，解决问题，通过质疑、解疑，让学生具备创新思维、创新个性、创新能力。

教师运用有深度的语言，创设情境，激励学生打破自己的思维定势，从独特的角度提出疑问。鼓励学生进行批判性质疑。批判性质疑是创新思维的集中体现，科学的发明与创造正是通过批判性质疑开始。让学生敢于对教材上的内容质疑，敢于对教师的讲解质疑，特别是同学的观点，由于商榷余地较大，更要敢于质疑。能够打破常规，进行批判性质疑，并且勇于实践、验证，寻求解决的途径，是具有创新意识的学生必备的素质。

激发学生好奇心

大部分学生对于自己感兴趣的东西都有强烈的好奇心。因此，就要运用一些方法，激发学生的学习兴趣。只有学生对所学的内容感兴趣，才能主动去吸收知识和技能。兴趣也是信心的推动力，在教学中我们教师可以采取多种方法，让学生去感受事物并对事物产生充分的联想，从而激励学生的学习兴趣，激发他们的表现欲望，充分发挥想象力和创造力。

培养创造性思维

爱因斯坦曾经说过："想象力比知识更重要，因为知识是有限的，而想象力概括着世界上的一切，推动着进步，并且是知识进化的源泉。"现代课程论强调开发学生的创造性思维，创造性教育是现代教育的最大要求。因此，我们在课堂教学中应注重对学生创造性思维能力的培养，转变教育观念，更新教学方法，积极实行素质教育。在教学中，教师要营造宽松的学习氛围，引导学生进行探索性的学习，鼓励学生独立思考，大胆质疑，求异创新，拓宽思维探索空间，培养学生的创造性思维。

激发学生探究精神

科学的本质在于探究，用爱因斯坦的话说，科学是探求意义的经历。在教学中教师应以探究的方式将科学呈现给学生，学生则通过探究活动学习科学知识，把"探究的科学"与"探究的教学"结合起来，构建探究的教学体系，让学生领悟探究的精神。在教学中突出科学探究的学习方式，应给学生提供充分的探究机会，通过探究活动，改变过于强调接受学习，死记硬背，机械训练的现状，倡导学生主动参与、乐于探索、勤于动手，培养学生搜集和处理信息的能力、获取新知识的能力、分析和解决问题的能力，以及交流与合作的能力。

培养学生个体创造性

探究的学习不仅在于获得问题解决的结果，更注重学习个体创造性与主体性的培养，以提高每一个学生的科学素养为宗旨。以人的发展为本，服从服务于人的全面健康发展。无论学生存在着怎样的地区、民族、经济条件、文化背景的差异和性别、天资、兴趣等的差别，教师应为每一个学生提供公平的学习的机会。面向全体学生，也照顾学生的个体差异，使每一个学生学习的潜能都得到充分发展。探究教学是通过引导学生进行探究活动学习科学知识、培养探究能力、理解科学探究的基本程序和方法来发展其科学素养的。教师要多方位地科学全面的评价一个学生。

利用现代化教学手段

多媒体在教学中的直观性能引起学生的注意，若教师根据教学内容灵活运用多媒体，发挥现代教学手段的趣味性，使学生在直观形象中、趣味活动中获取知识，对所学知识产生浓厚的兴趣激发求知欲，保持高度的学习热情，进而引导学生进行求新求异的创造性思维。因此，在教学中我们要努力增强多媒体的运用，把它作为引起学生学习兴趣，激发求知欲望，培养创造能力的重要手段。

综上所述，要全面提高学生的科学素养，培养学生的创造性，就要更新教育教学观念，树立以创新和探究为核心，以学生为中心，在和谐、民主、合作的学习环境中有效地开展教学，并注重激发学生的好奇心、主动探究精神和培养学生的创造性思维及个性发展，达到培养学生创造能力的目的。

第二章

学生的表达力教育培养

1. 什么叫表达力

用外部的行为（语言、神态、身段等）把思想表达出来能力就是表达力。表达力是表达一个思想的过程。在这个过程中，首先要计划好通过表达达到什么目的。其次要围绕目的在头脑中构思表达的内容。最后再把构思的内容变成对方能理解的外部的行为（语言、神态、身段等）。

在人的一生中，从牙牙学语开始，经历幼儿期、儿童期、少年期、青年期、中年期、壮年期、老年期等各个阶段，不论是一般的生活琐事，还是在工作职场上，都必须借助语言来完成沟通，通过语言沟通来建立各种不同的人际关系。

语言是人与人之间传递消息或表达思想的媒介，是具有意义的声音和符号，是人们用以表达思想和传递感情的最重要的消息工具，在人类的历史上，正是因为拥有语言，才使得人类能够保留经验传承文化。

语言表达能力是一个人综合能力的反映，从中可以看出他的知识、才能、阅历和修养，不管他（处事）严谨还是做事马虎，不管他思维敏捷、条理清楚，还是思想懒散不求上进，都可以从他的语言中看出来，从他说话的内容和方式中，你可以看出他读了哪些书，掌握了那些思想，你可以看出他的择友之道，你可以看清他的思想轨迹、生活习惯，也可以知道他的所作所为和生活阅历，可以说，语言表达囊括了一个人的一切。

不管你过着什么样的生活，掌握了多少知识，取得了多少业绩，都可以从语言表达中得到反映，所以在现实社会中，我们不得不承认，语言表达能力较强的人，社会地位较高，也会受到较高的推崇，很多人士的成就，在相当大的程度上应该归功于善于表达，大家都知道，在人际交往中，第一印象是非常重要的，而拥有良好的语言表达能力，则能给别人留下深刻的第一印象，优雅的谈吐不仅可以使自己广受欢迎，而且有助于事业的成功，想要获得成功，你首先要掌握驾驭语言的能力，不论你今后从事于那种职业，你每天都要进行沟通和交谈，也就必然需要运用语言，特别是渴望建功立业的人，更应该掌握谈话的技巧，提高驾驭语言的能力，在各种场合，都能够做到从容不迫，应付自如，如果你想让别人对自己感兴趣，那么你首先需要通过语言把自己的（主题）表达出来，所以，不论你从事任何行业，只要提高了自我表达能力，都会使你受益无穷。

表达能力的运用，在于沟通人与人的关系，在双方的相互适应中，彼此得到更好的发展，事实上，表达能力的运用，只要达到尽心感情、态度，及行为等目的的沟通，就可以说已经取得了你所需要的沟通效果。

2．表达力的重要性

表达能力是现代人才必备的基本素质之一。在现代社会，由于经济的迅猛发展，人们之间的交往日益频繁，表达能力的重要性也日益增强，好口才越来越被认为是现代人所应具有的必备能力。

作为现代人，我们不仅要有新的思想和见解，还要在别人面前很好地表达出来；不仅要用自己的行为对社会做贡献，还要用自己的语言去感染、说服别人。

就职业而言，现代社会从事各行各业的人都需要口才：对政治家和外交家来说，口齿伶俐、能言善辩是基本的素质；商业工作者推销商品、招徕顾客，企业家经营管理企业，这都需要口才。在人们的日常交往中，具有口才天赋的人能把平淡的话题讲得非常吸引人，而口笨嘴拙的人就算他讲的话题内容很好，人们听起来也是索然无味。有些建议，口才好的人一说就通过了，而口才不好的人即使说很多次还是无法获得通过。

美国医药学会的前会长大卫·奥门博士曾经说过，我们应该尽力培养出一种能力，让别人能够进入我们的脑海和心灵，能够在别人面前、在人群当中、在大众之前清晰地把自己的思想和意念传递给别人。在我们这样努力去做而不断进步时，便会发觉：真正的自我正在人们心目中塑造一种前所未有的形象，产生前所未有的震击。

总之，语言能力是我们提高素质、开发潜力的主要途径，是我们驾驭人生、改造生活、追求事业成功的无价之宝，是通往成功之路的必要途径。

3. 表达应具备的能力

要想提高自己的表达力，成为语商很高的语言天才，还应具有以下六大能力。

听的能力

听是说的基础。要想会说，先建立你养成爱听、多听、会听的好习惯，如多听新闻、听演讲、听别人说话等，这样你就可以获取大量、丰富的信息。这些信息经过大脑的整合、提炼，就会形成语言智慧的丰富源泉。培养听的能力，为培养说的能力打下坚实的基础。

看的能力

多看可以为多说提供素材和示范。你可以看电影、书报、电视中语言交谈多的节目，还可以看现实生活中各种生动而感人的场景。这些方式一方面可以陶冶情操、丰富文化生活，另一方面又可以让你学习其他人的说话方式、技巧和内容。特别是那些影视、戏剧、书报中人物的对话，它们源于生活、高于生活，可以为你学习说话提供范例。

背的能力

背诵不但可以强化记忆，还能训练你形成良好的语感。建议你不妨尝试着多背诗词、格言、谚语等，它们的内涵丰富、文字优美。如果你背的多了，不仅会在情感上受到滋润、熏陶，还可以慢慢形成自己正确而生动的语言。

想的能力

想是让思维条理化的必由之路。在现实生活中，很多时候我们不是不会说，而是不会想，想不明白也就说不清楚。在说一件事、介绍一个人之前，建议你认真想想事情发生的时间、地点和经过，想一想人物的外貌、特征等。有了比较条理化的思维，你才会让自己的语言更加条理化。

编的能力

会编善说是想象力丰富、创造力强的标志。建议你养成善于编写的好习惯，这对提高你的语言思考和说话能力有着积极的作用。

说的能力

说是语言表达能力的最高体现。只有多说，你的语商能力才会迅速提高。在说话时，要尽量简洁、明白、通俗易懂。

要使说话简短，就要学会浓缩。浓缩就是语言的提炼，浓缩的语言是语言的精华。

几百年前，一位聪明的老国王召集一群聪明的臣子，交待了一个任务："我要你们编一本《智慧录》，好流传给子孙。"

这群聪明人离开老国王以后，便开始了艰苦的工作。他们用了很长一段时间，最终完成了一部十二卷的巨著。他们将《智慧录》交给老国王看，他看了后说："各位大臣，我深信这是各时代的智慧结晶。但是，它太厚了，我担心没有人会去读完它，再把它浓缩一下吧！"这群聪明人又经过长期的努力工作，删减了很多内容，最后完成了一卷书。可老国王依然认为太长了，命令他们继续浓缩。

这群聪明人把一本书浓缩为一章、一页、一段，最后浓缩成一句话。当老国王看到这句话时很高兴，说："各位大臣，这才是各时代的智慧结晶。各地的人只要知道这个真理，我们一直担心的大部分问题就可以顺利解决了。"

这句经典的话就是："天下没有免费的午餐。"

这句话告诫人们：即使是满足自身生存的最基本需要，也必须自己去做；即使你的祖辈、父辈能为你提供丰厚的物质基础，也需要自己去做。否则，你就只能坐吃山空。

4. 表达应遵循的原则

要想迅速而高效的拓展你的表达能力，必须遵循"四要四不要"的原则。

要实在，不要花言巧语

说话和办事一样，都讲究实在，不要一味追求使用华丽的词藻来装饰，更不要哗众取宠。

要通俗，不要故作姿态

说话要避免深奥，尽量使用大众化的语言，像俗语、歇后语、幽默笑话等，这样，你办起事来可能会事半功倍。

要简明，不要模糊不清

说话要简明扼要、条理清楚，不要长篇大论、言之无物，这样，别人会听不懂你说的话。

要谦虚，不要"摆架子"

假如你在言语中有"摆架子"的表现，倾听的人会十分反感。这样，你不但达不到说话的目的，还会影响听话人的情绪。希望你能牢记：谦虚是说话人的美德。

以上四点是从整体的语言表达上归纳出来的关于说话的一些通用方法，它们对拓展你的表达力是很有帮助的。

5. 表达需要注意的策略

为了提高自己的表达能力，在语言的运用上，你需要注意以下几项重要策略：

要诚实热情

时刻提醒自己在表达时让对方知道你的热心和诚意，诚意是指说话内容，热心即是语言上的表达，还需要注意对他人的尊重和说话的礼貌，以及言行一致，同时需要真诚的为对方着想。

注意环境语言

也就是注意适合说话的情景，所谓适合情景，就是要求语言运用与所处的环境相吻合，只有语言与环境吻合了，你所说的话才能获得良好的效果，并达到预期的目的，这里所说的语言环境，是指说话时所处的现实环境或具体情况，包括外在环境所处地方，时间、场合，以及内在环境，对方的内心状态及情绪等等。

要小心使用语言的附加意义

在语言的运用上，必须注意各种不同文化背景的语言差异，否则容易造成误解，使沟通中断，形成不良的沟通。

尽量使用平实的中性的语言

你在进行表达时，要实事求是，简洁明了的叙述事实，剖析理论，应该避免华而不实和过度的夸饰，同时，尽量使用中性词语，避免使用情绪化的词语。

简单来说，在提高语言表达能力的具体操作上，有两个基本技巧，一个是怎样把话说清楚，另一个是怎样把话说恰当，在沟通时，必须注意让对方感受到你的热心和诚意，在说话时必须注意所处的现实环境和具体情况，也必须注意各种不同文化背景的语言差异，以免造成误解，而形成不良的沟通。

因此，要想有效表达自己的意见，必须注意说话的方式，清楚地表达语义，并随着不同的情景、场合及对象，机巧性的运用各种策略，适当的把自己意愿表达出来。

在培养怎样把话说清楚这一能力时，首先要注意储备有效词汇，词汇的运用，是我们表达自我意愿的关键，词汇认识的越少，沟通的困难越大，词汇认识的越多，沟通的正确性就越高。你需要花费一些时间和精力，研究修词，尤其相同意思的不同表达，使自己的用词更丰富，谈吐更优雅，还要尽力增加自己的词汇量，随时翻阅工具书，注重平时的积累，这本身也是一个自我教育的过程，对自己的成长是很有帮助的。

如果你词汇量少得可怜，思想贫乏，阅历有限，是无法做到口才出众、谈吐优雅的。另外，在你向对方表达时，还要注重时间，任何事情都会随着时间而改变，正确信息很有可能已经不正确，为了符合事先推论，你应该考虑你所表达的事情、地点、人物信息在现阶段是否真实，以提高你表达信息的正确性、有效性。

把话说得恰当也是提高表达能力的重要因素，想要把话说恰当，首先要注意正式语言与非正式语言的区别，在我们日常使用的语言当中，需要根据情景与对象的不同，而区别使用正式语言与非正式语言，如果不正确区别使用，就会在沟通上造成极大的障碍，就一般情景而言，除了特定的人和团体之外，其他的语言应该介于正式与非正式之间；其次，应该避免使用术语和不必要的专用名词，你所进行沟通的对象，经常是具有不同背景或不同兴趣的人，针对这些对象，你应该运用对方能理解的语言，避免使用太多专业术语或专用名词，即使在需要使用的情况下，也应该加以详细说明，以达到沟通的目的。同时为了把话说恰当，你还应该保持敏锐的察觉力，语言沟通上常有许多失误，是因为使用了冒犯他人的不当语言，比如种族歧视或有偏见的话语等等，因此，必须要根据不同的对象，敏锐察觉这些不当用语，并避免使用；最后，你还应该注意多使用接纳性的语言，也就是鼓励和启示性的语言，尽可能避免使用批评和责备的语气，这样才能达到有效的沟通，你的表达能力也会得到周围人的认可。

语言表达除了在传达思想外，也可以将个人对事情的看法和经验表达出来，在语言表达中，我们当然可以加强对自我思想的表述力度，同时，也要特别注意接纳性别及文化上所可能产生的沟通差异，以增进语言表达的亲切程度。你要记住，人与人之间的沟通的最终目的，在于要完成对信息的共同了解，所以，沟通必须是双方面的。真正擅长沟通的人，应该是语言表达能力及社会沟通能力上都可以充分发挥的人，所以，如果你能对人际互动时的社会心理意义有所了解，那么对于你提高语言表达能力、改善沟通必将有所帮助。

所谓了解人际互动时的社会心理意义，是指在沟通是首先需要具有同理心，同理心也就是说心中有他人，能够以对方的角度及心情来看待或体会某个事件；其次，要掌握行为的适应性，能够根据沟通对象、沟通内容以及地点等环境的变化，结合自己的沟通目的调整自己沟通行为；第三，要能够控制人际互动的过程，控制沟通的主题，以及适当的时机，防止和消除沟通的干扰，另外，沟通这种行为本身，也是一种深刻的自我教育，因为沟通的目的，除了明确具体地把自己意愿表达清楚之外，还需要注意使用适当说话技巧，利用符合听者的需要、兴趣、知识和态度的语言，才能完成人际互动的沟通，所以，我们在叙述时，不仅需要注意实事求是、简洁明了的叙述事实，避免华而不实或过度的夸张，更要尽量避免使用双方可能产生误解的语言，以促进良好的人际关系。同时，一个善于表达的人，会在沟通过程中，表现出悠扬的个人素质，比如机制灵活、思维敏捷、判断准确、精力集中等等，都会在他的语言中有所反应，相反，如果心胸狭窄、心存偏见，这些不良品质，也会在谈话中暴露无遗，所以，在与对方沟通时，你应该充满爱心，不触及对方的难言之隐，不随意公开别人的缺点与不足，应该给听者表现出强烈的兴趣，而不是用语言伤害对方。

6. 缺乏表达力的表现

在古代，一个人的智慧和口才，有时会改变一个国家的命运，现今，人们更关注因为善于表达，而带来的个人的成就。在工作和生活中，人们会遇到各种各样的事和形形色色的人，大家都需要在不同的场合，根据不同的目的，进行交流和沟通。这时语言的表达能力就显得格外重要。

语言是人与人沟通的直接桥梁，除了天生有语言障碍的人，任何人都会说话，但会说话不等于懂的语言沟通，现代社会的家庭结构不断缩小，娱乐活动也趋于封闭，使得人们在语言表达能力和沟通能力上不断退化。

如何能够使交谈延续下去，如何使人乐于和我们交谈，也因而成为现代生活中有待提高的能力。

有效运用语言的表达技巧，是沟通的最基本条件。想要能够清楚的表达我们的意愿，必须能够让倾听者接受到我们传递的信息，也就是话必须要说清楚，若是话说不清楚，会让倾听者对信息的内容产生猜想，以致造成误解，或是无法达成共识。

此外，由于沟通是信息的双向传递，因此，特别要求说及听的有效运用，除了需要表达者将话说清楚外，也需要倾听者的尽力配合。如果倾听者无法理解表达者语言中的含义，而又不主动发问，那么将达不到对信息的相互理解。

所以，如何让倾听者在沟通中保持良好的心态，对信息的内容作出积极的反馈，就成为表达者的首要任务。对表达者而言，想要进行有效的沟通，首先要注意自己的态度，沟通是借助于语言表达完成的，但是，沟通更是从内心到内心的信息传递，这种信息移植的成功可能性，在很大程度上依赖于感情因素，这个概念很抽象，但是，只要稍微想象一下，就能够明白，你的沟通的对象，会用跟你同样的感情，对你传达的信息做出反应，如果你讲话时显得局促不安，对方也会局促不安，如果你显得不在乎对方，他也会不在乎你。

相反，如果当你的语言中充满真诚，他们也会积极的响应你。因此，在你的语言表达中，你应该注意给予对方积极的态度。否定、攻击的态度，只能遭致对方的拒绝。因此，在你准备展开话题前，要注意一下对方的行为和态度，这通常会给你一些提示，告诉你当时是不是适合进行沟通的好时机。

对方所表达的正面提示包括，他跟你有眼神接触、微笑或自然地面部表情，而负面的提示则包括，对方正在忙于某些事情，正在与别人谈话，正准备离开等等。如果你得到了明显的负面提示，而依然不依不饶，那么你不仅得不到良好的沟通效果，还会影响你在对方心目中的形象，当然，你在准备进行沟通前，也需要同样发出正面的提示，如果主动跟别人先打招呼，同时以面部的微笑表示友好，就容易取得别人好感，从而展开话题。此外，要建立良好的语言沟通环境，除了清楚地说话之外，也应该注意适当的说话。

适当说话的意思，指的是在表达过程中运用的词汇要符合倾听者的需要、兴趣、知识和态度，只有这样，才能顺利的进行沟通，并促进彼此的信赖关系。因此，在与人进行沟通的时候，表达者需要持续的保持善意，并且尝试提供一个与对方建立良好互动关系的机会，这是达成沟通的有效手段，在话题展开以后，需要表达者运用一定的技巧，将沟通进行下去。

实际上，交谈的持续性，有时比谈话的真实性、趣味性更重要，一般来说，表达者可以用漫谈资料法或自我揭示法，以及寻找共同兴趣来维持话题。同时表达者应当注意，在适当的时机，转换话题。

所谓漫谈资料法，是指在沟通时向对方多透漏点漫谈资料，使对方能发觉出更多的话题。否则，谈话便会变得枯燥无味。另一方面，表达者也应该留意对方透漏的漫谈资料，以便使谈话能够延续。

自我揭示法，是指在沟通过程中，有意的向对方透漏自己的资料。这种做法可以帮助对方更了解自己，并为对方提供谈话题材，起到平衡彼此信息内容的作用。需要注意的是，自我提示的内容应该与对话内容有关，同时不宜过多或过长，应该根据对方的反应，及时调整。

自我揭示的内容可以分为三个主题：与话题有关的自身经验、自己对讨论的事项意见、自己对事情的感受。同时，在与人交谈时，可以在漫谈之中找出共同的兴趣及话题，这样可以有助于维持交谈的进行。此外表达者应该对倾听者的反映细心观察，留意对方是否对谈论中的话题已经没有兴趣，倾听者失去兴趣的一般表现为：需要表达者很努力的维持谈话的进行，或者倾听者在表达者陈述很久以后才有回应，这时如果需要，表达者应该利用漫谈资料，来转换话题。在交谈中，表达者应该多注意对方谈话中的重要字眼，并将一些有关资料记录下来，这些记录，在适当的时候，将有助于话题的转换。

同时，表达者在谈话过程中，也需要注意平衡彼此谈话内容的多少，在很多情况下，虽然是表达者在运用表达技巧主动的增加谈话的机会，但是，仍然要避免自己讲的太多，一般情况下，相互之间平均的参与，会使双方的交谈进行的自然和流畅。同时，在进行沟通和谈话时，如果一方能够表示自己已经明白了对方感受，或者了解了对方某些反馈背后的含义，那么无疑能够帮助信息有效传递，并且可以进一步促进彼此的了解。

所以，沟通中的聆听及回应技巧也十分重要，在交谈进入主题部分以后，就不需要努力的寻找以后的话题，而只需要细心的聆听，以便掌握对方说话的内容、事件和意见。如果你无法集中注意力，那么，就可能错过一些重要的资料和字眼，在聆听中还需要留意隐藏的信息，人与人之间的交流，有时不是很直接的，有些资料是隐藏的，你需要在掌握对方信息后细心的分析，寻找出隐藏的信息，你需要留意对方说话时的内容及语气，这会帮助你了解对方的感受和言外之意，比如，对方一见到你就说"我今天忙得要命，跑了大半天"，这代表对方虽然愿意坐下来和你交谈，但是很累，这时你要留心对方的身体语言，并避开不重要的客套和漫谈，而直接进入主题。

为了提高自己的表达能力，你还需要针对下面几种缺乏交流技巧的表现进行自我检验，及时修改，避免在进行沟通时造成无谓的资源浪费。

缺乏交流技巧的表现之一是：经常使用"但是"。

有人说话常常带口头语，这并不影响信息的有效沟通，可是，有不少人在发表意见之前，喜欢先说"但是"，即使他说得与对方说的意思接近或相同，他也愿意用"但是"作为一段话的开头。

在写文章或演讲中，使用转折词是常事，可以令内容曲折生动，而交谈中过多的使用"但是"是缺乏语言交流技巧的表现。如果你去面试，过多的"但是"会让面试人员反感和不耐烦，在社交场合，过多的"但是"会使对方情绪受挫，气氛变得压抑。情不自禁的说"但是"，不仅是习惯问题，而且是心态问题，一些人喜欢用"但是"来表示自己的观点不同于别人，或者用"但是"来突出自己的位置，他们并没有意识到这样做的结果，频繁的否定语气，只能使沟通趋向对立。

缺乏交流技巧的第二个常见现象是：爱插话。

有些场合插话是战术需要，比如谈判或竞选时，插话可以打乱和牵制对手的思路。但是在日常生活中，能够礼貌的打断对方的发言，实在不是一件容易的事，如果你不喜欢谈话中有过多的火药味，而想心平气和的与对方沟通，那就应该尽力避免冒失的插话。

缺乏交流技巧的第三个特征是：爱说"不知道"。

常常说"不"、"没有"、"不知道"，不仅会使语言缺少人情味，而且会使人际关系变得冷漠，甚至会导致人的思维懒惰。对有权势的人说"不"需要胆量，但普通人之间说"不"则容易得多。总是用"不知道"来回答对方的问题，不仅使沟通无法持续，而且，这种不求甚解、回避苟且的习惯，将滋长思维的惰性。其实你真的无法回答对方的问题，你可以换一个方式表达，比如"让我想一想"、或者"我有时间帮你查查资料"等等；

另一个缺乏交流技巧的表现是：无故贬低对方。

在生活中我们常常能见到一种人，他们总是在寻找机会贬低或挑剔别人。朋友买了新房，他会说"房子很大，不过交通不方便"，同事买了新车，他会说"车子不错，但是别的牌子的性价比更高"，也许有人会说这样讲直来直去很实在，但你可以问一问自己，有多少人喜欢这种实在，这种实在没有任何实际意义，只会造成信息接受者的不快，这种喜欢贬低对方的人，与其说他实在，不如说他表达技巧拙劣，不替对方着想的心直口快，其实是一种尖酸刻薄。

还有一种缺乏交流技巧的表现是：沉默不语或心不在焉。

有些人在听别人讲话时，面无表情沉默不语，而有些人则是目光恍惚、东张西望，这都是非常失礼的行为，也是缺乏交流技巧的表现。有人会反驳说，我在听，我也能对答如流，但是交流和沟通都是双向的，你必须做出表示，让对方知道你在接收他表达的信息，以便使对话能够进行下去，当对方讲话的时候，适时的做出反应，比如"是吗"、"对呀"、"真的吗"，这并不表示你同意他的看法，但是，会让对方认为你是在仔细的听着，而有些时候，眼神交流的效果甚至会高于语言的表达，在交谈时看着对方的面部，不仅是对对方的尊重，更是一种高超的表达技巧，另外高深辩论，频繁的使用偏词、怪词，或者频繁使用定论性的绝对词汇，以及模棱两可的词汇，都是交流技巧差的表现。

语言表达的基本技巧，是现在人类交往频繁的需要，也是人类智慧的表现。善于使用语言交流技巧的人，不仅会使自己的整体素质形象提高，而且他的思想和人品，更容易被大众接受。

7. 表达力的语商提升

表达力的高低，一般是语商高低的表现。语商是指一个人学习、认识和掌握运用语言能力的商数。具体地说，它是指一个人语言的思辨能力、说话的表达能力和在语言交流中的应变能力。语商高的人知识广泛、头脑灵活、判断力强、信心十足，说话富有磁性而有吸引力，同时，他们还能在各种谈话场合中，得心应手，滔滔不绝，赢得别人的尊敬和赞扬。如果读者朋友在上面的测试中，表现不是很好，但很想在各种谈话场合中，利用自己的言谈来赢得别人的尊敬和赞扬，就要记住和做到以下九点。

说话时不应用俗语

常用俗语会妨碍你在语言方面的自如运用。

要做到尽量多用数字

说话时多用数字，语言会更加生动，说服力强，自己也会更加自信。

多看电视

电视是最感性的语言来源，但要注意：不要只看电视剧，而应该多看那些咨询性及访谈性节目，这样能让你更好地学习别人的交谈技巧。

训练目标感

说话要有的放矢，这就好像走路一样，要有方向性的选择，这种"选择"可以使你在说话中避免漫无边际的东拉西扯。

学一些新语言

在日常的工作、学习中，经常学习和吸收一些新的语言，能够更好地丰富你的语言词汇。

培养探究精神

在学习和工作过程中，建议你努力做到：要么不做，要做就做好，并不断探索生活中的各种规律。做什么事都要既知其然，还要知其所以然。

训练判断力

这种能力对于语言来说是至关重要的。在与别人交谈时，如果你判断失误，就可能做出意思相反的回答，这就很可能导致不必要的误会越来越深。

多说有力量的话

有力量的话就是指说话时能够直截了当，行就是行，不行就是不行。比如：你最好不要说"我看……""我想……"，而应该尽量说"我认为……"这样你的说话才够力量。

多与人交谈

你不妨尝试扩大你的社交圈子，不断增加你的说话机会，这样更有利于提高你对语言的驾驭能力。

8. 表达力的能力提高

提高表达能力，最适合大众的方法，那就是找准一切机会给别人讲故事，讲幽默，讲笑话，而讲到大家非常动容，你自己依然可以非常冷静的给别人讲的时候，你的表达力就差不了多。但是在职场中还是在应用过程中提升自己的表达力，才具有真正的实用价值。具体来讲，若想提高自己的表达力必须注意以下几点：

表达力是练出来的，不要羞怯

要知道每个人的资质都是差不多的，自己有怯场的心理，别人也会有同样的感受，要抓紧一切可以锻炼的机会来展示自己，给自己信心，相信自己既能够做得到也能够说得出，每一次的锻炼都会给自己开始下一次以莫大的勇气，再加上自己不断的总结和积累。长此以往，必然能够在以后的一切场合中自己脱颖而出，说出自己，证明自己。

说话要言之有物

说话要有内容，才能够在社交场合及一些工作场合中吸引别人的倾听，你总要使别人在听你说话的过程中有一些收益或是产生共鸣，那么这样的说话才是成功的，而别人也才会乐意听你说话，与你交流。同理而言，一位好的说话者一定是一位特别擅长沟通的人，在自己说话的时候也要学会倾听他人的说话，俗话说：出门看天色，进门看脸色。因此在说话时更要学会看他人听你说话时的表情，以便适时的改变自己说话的内容、语气等等，说话时千万不要自说自话，这是最不成功的说话。

说话要注意节奏感

这一点是相当重要的。有些人在说话的时候语速相当快，就像在爆豆子一样，往往她自己说完以后，别人都没有反应过来她说的是什么。说话说得慢一些，声音响亮一些，你会发现，人们会更加注意的倾听你的说话，而且他们会感觉你所说的每一句话都是从内心深处说出来的，是经过你慎重考虑后才说出来的，人们会认为你在对自己说的话负责任。其实言语并不见得比写文章容易，文章写得不好还可以修改，而一句话说出来了，要想修改是比较困难的。我们也常感觉到，即使同一个意思，甚至同一句话，会说话的人，能叫你眉飞色舞，不会说话的人，则叫你头昏脑胀。

要跟会说话的人多学习

多去倾听别人的说话，西方有句谚语说：上帝之所以给人一个嘴巴两只耳朵，就是要人多听少说。多听，才是最有收获的，不断的丰富自己的内在知识，不断地去学习别人的长处，用一颗自信与谦和的心来面对自己的每一次社交与工作中的场合，即使自己做的不够好，只要努力，只要有真诚，相信你假以时日，一定能够成为一位说话和沟通的高手，为自己的事业和生活带来很多快乐！

9. 表达力的训练方法

表达力分为语言表达能力和文字表达能力。

语言表达力的训练

一要努力学习和掌握相关的知识。仅口才论口才是远远不够的。君不见那些伶牙俐齿的"巧舌媳妇"，尽管能说会道，但却登不了"大雅之堂"。出色的口头表达能力，其实是由多种内在素质综合决定的，它需要冷静的头脑、敏捷的思维、超人的智慧、渊博的知识及一定的文化修养。

为此，可努力学习有关理论及知识、经验。如学好演讲学、逻辑学、论辩学、哲学、社会学、心理学等。

二要努力学习和掌握相应的技能、技巧。如在讲课、讲演时，就要做到：准备充分，写出讲稿，又不照本宣科；以情感人，充满信心和激情；以理服人，条理清楚，观点鲜明，内容充实，论据充分；注意概括，力求用言简意赅的语言传达最大的信息量；协调自然，恰到好处地以手势、动作，目光、表情帮助说话；表达准确，吐字清楚，音量适中，声调有高有低，节奏分明，有轻重缓急，抑扬顿挫；幽默生动。恰当地运用设问、比喻、排比等修辞方法及谚语、歇后语、典故等，使语言幽默、生动、有趣；尊重他人，了解听者的需要，尊重听者的人格，设身处地为听者着想，以礼待人，不带教训人的口吻，注意听众反应，及时调整讲话。

三要积极参加各种能增强口头表达能力的活动。如演讲会、辩论会、班会、讨论会、文艺晚会、街头宣传、信息咨询等活动。要多讲多练。凡课堂上老师讲的或自己在书本学到的知识都尽可能地用自己的话就出来，也有助于提高自己的口头表达能力。锻炼口头表达能力要有刻苦精神，要持之以恒。只要我们勤于学习，大胆实践，善于总结及时改进，我们的口头表达能力一定能不断提高。

文字表达力的训练

文字表达能力，与口头表达能力一样，是人们交流思想、表达思想的工具，是学好专业、成就事业的利器。

"工欲善其事，必先利其器"。这里的器就是语言。作文其实就是利用语言来表达自己的思想。能否掌握和运用经典的语言准确地表达自己的思想是作文成败的一个关键。而要做到这一点，就必须学会积累语言。我们应从杂志和各类书籍中收集一些精美的语言摘抄下来，然后每天熟练的背诵一遍，以培养自己的语言感觉能力。古人云"拳不多手，曲不离口"，只有每天坚持，才能逐步提高语言表达能力。之所以要强调背诵，是因为这是形成语感的唯一途径。"天上从来不会掉下馅儿饼"、"成功从来只属有心人"。

积累精美语言这一项工作虽然苦，但苦得值得，一方面，它为我们语言表达能力的提高打下坚定的基础；另一个方面，它也可以增广我们的见闻，因为我们要收集精美的语言，就必须阅读大量的书籍，这就间接扩大了我们的阅读量。"读书破万卷，下笔如有神"，我们的阅读量上去了，还愁作文能力不能提高吗？

积累精美的语言可以培养我们的语言感觉能力，但是只有积累，没有仿写，我们就不能将这些积累的语言灵巧的运用到平日的作文中去。所谓仿写就是在原文的语言结构和字数保持基本不变的情况下，改动或增添一些词语和句子，使之表达不同的意思。例如沙宝亮的

《暗香》：

> 当花瓣离开花朵，暗香残留。香消在风起雨后，无人来嗅。如果爱告诉我走下去，我会拼到爱尽头。心若在灿烂中死去，爱会在灰烬里重生，难忘缠绵细语时，用你笑容为我祭奠。让心在灿烂中死去，让爱在灰烬里重生。烈火烧过青草痕，看看又是一年春风。当花瓣离开花朵，暗香残留。

稍作改动就可以变为：

> 当灯光照亮书本，思绪翻动。笔就在风起雨后，书写人生。如果爱告诉我走下去，我会拼到爱尽头。心若在灿烂中死去，爱让它在灰烬里重生。难忘父母眼神里，用你笑容为我壮行。让心在灿烂中前行，让爱在灰烬里重生。烈火烧过青草痕，看看又是一年春风。当灯光照亮书本，思绪翻动。

仿写应与积累保持同步，每天坚持一次积累、一次仿写，时间长了，自然就知道运用语言的技巧了。仿写还仅仅停留于模仿的基础之上，如果要真正形成有自己语言风格的文章，就必须学会创造。

在语言积累和仿写达到一个月之后，我们就应开始着手于自己的创造了，所谓创造，就是用自己的精典的语言来进行表述。要学会创造，除了要具备一定的语感外，还必须掌握一定语言表达技巧，一般来讲经典的语言应具备三个要素：一是语言的节奏，二是修辞手法的运用，三是典雅词语的运用。

语言如同音乐、舞蹈，是有节奏的。所谓节奏就是由一对相反的因素按照一定的顺序排列形成的。如音乐的节奏是由声音的高低、续停等形成的；舞蹈的节奏是由动作的刚柔、快慢等形成的；而语言的节奏则是由语言的舒缓与激越形成。整齐的句子激越、散句子舒缓；短句子激越、长句子舒缓。因而要形成语言的节奏，就是必须长短结合，整散结合。

其次，作文的表达追求形象生动，作文的语言力求典雅。因此，在作文时，我们还应恰当地用一些典雅的词语和运用比喻、拟人等修饰手法。

有创意地进行语言表达是语言表达的最高境界，但也是最难达到的一个境界。原因有二：一是懒。许多学生认为，我已经背了很多精美的语言了，为什么不拿过来使用，既方便又省事。二是刚开始写的时候，总觉得很多地方写不好，于是就放弃创造，选择仿写。其实，"阳光总在风雨后"，你在这个时候坚持下来了，成功就在眼前向你微笑；你放弃了，成功就会绝尘而去。黎明前的黑暗是最黑暗的时候，但也是离阳光最近的时候。在这个时期，最好是一周写一篇作文，在作文中尽量使用自己的语言来表达，当然是有文采的语言了。同时不能放弃积累和仿写，因为只有"厚积才能薄发"，积累得越多，对自己的语言表达以至于思想积淀就越有益处。

"千里之行，始于足下"，但愿大家都能行动起来，让自己的语言生花，令自己的语言添彩，在文学的天空下插上绚丽的语言翅膀自由地翱翔。

10. 表达力的训练技巧

提高表达能力，必须保持心境乐观开朗，懂得与人沟通的技巧，而且要有一定的讲话水平，具体在训练中应该注意以下几点：

大胆主动积极与别人说话

第一，说话紧张的时候，努力使自己放松。静静地进行深呼吸，使气息安静下来，在吐气时稍微加进一点力气，这样心就踏实了。笑对于缓和全身的紧张状态有很好的作用。微笑能调整呼吸，还能使头脑的反应灵活，说话集中。

第二，平时练习一些好的话题。在平时要留意观察别人的话题，了解吸引人的和不吸引人的话题，在自己开口时，便自觉地练习讲一些能引起别人兴趣的事情，同时避免引起不良效果的话题。

第三，训练回避不好的话题。应该避免自己不完全了解的事情，一知半解、似懂非懂说一遍，不仅不会给别人带来什么益处，反而给人留下虚浮的坏印象。若有人就这些对你发出提问而你又回答不出，则更为难堪。要避免你不感兴趣的话题，自己不感兴趣又怎能期望对方随你的话题而兴奋起来。

第四，训练丰富话题内容。有了话题，还得有言谈下去的内容。内容来自于生活，来自于你对生活观察和感受。这样的人总是对周围的许多人和事物充满热情。

读书丰富自己的阅历

第一，和不熟的人讲话先礼貌客气点（起初谈话时不同和朋友那样的语气），先了解对方的性格，了解了对方才知道如何（用哪种方式）和对方沟通交流。先看这个人是否和自己是同一类人（思考方式、社会观念、价值观念等），若这个人和你观念差不多就很容易相处，因为大家观念同想法同，也可以找些乐观性格的人做朋友。和人相处需要真诚、友善，主动，你主动和别人沟通啦！

第二，若缺乏思想交流，听别人说话是一种很好的交流，要用心听，不是左耳入，右耳出。

第三，找话题跟人家聊，首先学会做个聆听者，多去听讲座，什么内容的讲座就你自己喜欢，去图书馆或者大学校园也有讲座的资料；在和朋友长辈沟通过程中多听听别人的，从而每一天收集可以表达的素材，也能学习别人的语言表达技巧。可以做现场观众，辩论比赛、英语口语、主持人等比赛，学习别人的语言表达。当一个人听的事情多了，脑袋里面的东西也会丰富了，自然，自己和别人沟通的时候，语言无论在修辞、前后逻辑、表达的语气等方面都能有所提高。语言系沟通的桥梁，表达好语言，沟通就好了，做起事情也顺了。不知说什么，首先要学会找话题，以上方法，会有一种适合你的，努力啦！人与人之间相互了解，最重要是多点沟通，交流双方的想法，在语言和行为上做到相互关心帮助，彼此要真诚真心对待。朋友之间的相处在乎真诚真心、信任宽容、友善、相互关心相互支持。

让自己变得很幽默

第一，当你叙述某件趣事的时候，不要急于显示结果，应当沉住气，要以独具特色的语气和带有戏剧性的情节显示幽默的力量，在最关键的一句话说出之前，应当给听众造成一种悬念。

第二，当你说笑话时，每一次停顿、每一种特殊的语调，每一个相应的表情、手势和身体姿势，都应当有助于幽默力量的发挥。重要的词语加以强调，利用重音和停顿等以声传意的技巧来促进听众的思考，加深听众的印象。

第三，语言的滑稽风趣，一定要根据具体对象、具体情况、具体语境来加以运用，而不能使说出的话不合时宜。

第四，不要在自己说笑话的时候，自己先大笑起来，这是最不受欢迎的。在每一次讲话结束后，最好能激发全体听众发自内心的笑容。

四、自信很重要，相信自己，放开心情，平常心处事，让自己乐观一点。多微笑，笑容使人心情轻松。

综上所述：自信、大胆、主动、积极、坚持、幽默、微笑，做到以上几点，随着时间的积累，就会觉得自己有所变化，变得开朗健谈乐观，这需要一个过程！

11. 表达力的开发练习

表达能力并不是与生俱来的，而是人们通过后天学习获得的技能。虽然有因遗传基因或脑部构造异常而存在着语能优势或语能残缺。在现实生活中，由于每个人的主客观条件、花费时间和学习需求的不同，我们获得语商能力的快慢和高低也是不同的。这就表明人的语商能力主要还是依赖在后天的语言训练和语言交流中得到强化和提升。

语言是人类分布最广泛、最平均的一种能力。在人的各种智力中，语言智力被列为第一种智力。事实表明：语言在人的一生都占据着重要地位，是人们发展智力和社交能力的核心因素。

长久以来，人们总是以为语言只是一种沟通工具，必须要熟练地掌握它、使用它。实际上，这种认识仅仅是从语言的交际功能出发的。从语言和"说话人"的关系这层意思来看，语言是个"多媒体"——既可作为工具，同时也是心智能力的一种反映。例如，同样是说话，同样要表达一种意思，有的人会"妙语连珠"，而有的人却"词不达意"？这就是心智能力的差异。假如一个人其他方面的能力很优秀，同时他的语商能力也在逐步提高，那么他一定会更优秀。语商不但可以使人用大脑思考问题，还可以随时用语言表达思考的问题。如果我们说话时用语准确，修辞得体，语音优美，那我们从事各项工作会更加游刃有余，事业就会更加成功，人生也会更加丰富多彩。

人们的语言交流和人际沟通能力在这个竞争日益激烈的 21 世纪显得更加重要，语商将给我们带来新的生存机遇和人的质量全方位提升。

我们生活在一个有声的语言世界中，语言能力是每个人一生中极为重要的生存能力，语言交流的水平高低就是语商能力的高低。通过进行下面的测试，我们会对自己的语商能力有所把握。

测试一

（1）你觉得会说话对人一生的影响：

A. 重要。

B. 一般。

C. 不重要。

（2）你和很多人在一起交谈时，你会：

A. 有时插上几句。

B. 让别人说，自己只是旁听者。

C. 善用言谈来增加别人对你的好感。

（3）在公共场合，你的表现是：

A. 很善于言辞。

B. 不善言辞。

C. 羞于言谈。

（4）假如一个依赖性很强的朋友，打电话与你聊天，而你没有时间陪他的时候，你会：

A. 问他是否有重要事，如没有，回头再打给他。

B. 告诉他你很忙，不能和他聊天。

C. 不接电话。

（5）因为一次语言失误，在同事间产生了不好的影响，你会：

A．一样的多说话。

B．以良好言行尽力寻找机会挽回影响。

C．害怕说话。

（6）有人告诉你某某说过你的坏话，你会：

A．处处提防他。

B．也说他的坏话。

C．主动与他交谈。

（7）在朋友的生日宴会上，你结识了朋友的同学，当你再次看见

他时：

A．匆匆打个招呼就过去了。

B．一张口就叫出他的名字，并热情地与之交谈。

C．聊了几句，并留下新的联系方式。

（8）你说话被别人误解后，你会：

A．多给予谅解。

B．忽略这个问题。

C．不再搭理人。

计分标准

1. 选 A，2 分，选 B，1 分，选 C，0 分。

2. 选 A，1 分，选 B，0 分，选 C，2 分。

3. 选 A，2 分，选 B，1 分，选 C，0 分。

4. 选 A，2 分，选 B，1 分，选 C，0 分。

5. 选 A，0 分，选 B，2 分，选 C，1 分。

6. 选 A，1 分，选 B，0 分，选 C，2 分。

7. 选 A，0 分，选 B，2 分，选 C，1 分。

8. 选 A，2 分，选 B，1 分，选 C，0 分。

测试分析

得分在 0～5 分之间，表明你的语商较低，语言表达能力和语言沟通能力还很欠缺。如果你的性格太内向，这会阻碍你的语言能力的提高，你应该尽力改变这种状况，跳出自己的小圈子，多与外界人接触，寻找一些与别人言语交流的机会，努力培养自己的说话能力。只有这样，你才有希望成为一个受欢迎的人。

得分在 6～11 分之间，表明你的语商良好，语言表达能力和语言沟通能力一般，如果再加把劲儿，你就可以很自如地与人交流了。提高你的语言能力的法宝是主动出击，这样可以使你在语言交流中赢得主动权，你的语商能力自然会迈上一个新的台阶。

得分在 12～16 分之间，表明你的语商很高，你清楚怎样表达自己的情感和思想，能够很好的理解和支持别人，不论同事还是朋友，上级还是下级，你都能和他们保持良好的言谈关系。值得注意的是：千万不要炫耀自己的这种沟通和交流能力，那样，会被人认为你是故意讨好别人，是十分虚伪的表现。尤其是对那种不善于与人沟通的人，更要十分注意，要做到用你的真诚去打动别人，只有这样，你才能长久地维持你的好人缘，你的语商才能表现得更高。

接下来，还有一个小测试，接着做。

测试二

如果你的话说到一半，有人打断你的话，并转移话题，你会：

A. 不说了。

B. 跟对方抢着说。

C. 请对方不要插话。

D. 等他（她）说完，再接下去说。

测试结果：

选 A。

表明你的语商能力太低。当说到一半就被人打断，可能会让你觉得这是非常不尊重你的表现。你感到受这样的"待遇"很没面子，但是，你也不会立刻与他争执，你尽可能地把没有说完的话吞下去，并且希望大家不要注意到你，就当作你没讲。

你此时的语商指数：★

选 B。

表明你的语商能力偏低。你的性格比较急躁，不能容忍别人在这个时候打断你的话，一旦受到不公正的待遇，你会马上"以牙还牙"。这种个性在人际交往中，似乎不会吃亏，但是总会给人锋芒毕露的感觉，让别人对你敬而远之。另外，这种个性在与人交谈中也容易引发不必要的争执。建议你加强训练，迅速提高你的语商。

你此时的语商指数：★★

选 C。

表明你的语商能力良好。但是不足之处是在你说话的时候所表现的气势凌人，不允许别人插嘴或打断，否则你绝对不会坐视不管，你会当面警告对方，让对方尊重你的发言权。你是一个以自我为中心的人；你会按照自己的意志去做任何事情，不许别人干涉。一旦有人干涉你，你会毫不客气地纠正。你这种语言行为表明你很自信，也有十足的勇气和实力，但是却很容易和对方发生冲突，你不妨对此多加留意。

你此时的语商指数：★★★

选 D。

表明你的语商能力很高，而且你也会很好地处理你与别人之间的任何冲突。你属于那种话不说完，心里就不舒服的人。如果有人不尊重你，并打断你的话，你也不会生气，你会耐心地等对方把话说完，再接下去说。看得出，你是一个很沉得住气的人，既可以避免话没讲完的尴尬，还能给对方一个教训。

你此时的语商指数：★★★★

通过上面的测试，相信我们已对自己的语商有所了解，在接下来的阅读中，我们还将学到怎样提高语商的很多方法和技巧。

第三章

学生的学习力教育培养

1. 什么叫学习力

所谓学习力就是学习动力，学习毅力和学习能力三要素。学习力是指一个人或一个企业、一个组织学习的动力、毅力和能力的综合体现。学习力是把知识资源转化为知识资本的能力。

个人的学习力，不仅包含它的知识总量，即个人学习内容的宽广程度和组织与个人的开放程度；也包含它的知识质量，即学习者的综合素质、学习效率和学习品质；还包含它的学习流量，即学习的速度及吸纳和扩充知识的能力；更重要的是看它的知识增量，即学习成果的创新程度以及学习者把知识转化为价值的程度。

组织学习力是人们创新能力的集中体现，能直接转化为创新成果。它倡导团队学习比个人学习更重要，团队具有整体搭配的学习能力，团体内信息和知识自由流动，高度共享，团队学习既是团队成员相互沟通和交流思想的过程，也是团队成员寻求共识和统一行动的过程，从而也是产生团队的"创造性张力"的过程。

2. 学习力三要素

学习力是由三个要素组成的。这三个要素分别是学习的动力、学习的毅力和学习的能力。学习的动力体现了学习的目标；学习的毅力反映了学习者的意志；学习的能力则来源于学习者掌握的知识及其在实践中的应用。

一个人、一个组织是否有很强的学习力，完全取决于这个人、这个组织是否有明确的奋斗目标、坚强的意志和丰富的理论知识以及大量的实践经验。

学习力是三个要素的交集，只有同时具备了三要素，才能成为真正的学习力。当你有了努力的目标，你只是具备了"应学"的动力；当你具备了丰富的理论和实践经验，你仅仅具有了"能学"的力量；

而当你学习的意志很坚定的时候，你不过是有了"能学"的可能性。只有将三者合而为一，将三者集于一身，你才真正地拥有学习力。

3. 提高学习力的意义

学习力是什么？国外有学者释义为"一个人学习动力、学习毅力、学习能力的总和。"其实还应该增加"学习创新力"。即表述为学习力是学习动力、学习毅力、学习能力和学习创新力的总和；是人们获取知识、分享知识、使用知识和创造知识的能力；是动态衡量一个组织和个人综合素质和竞争力强弱的真正尺度。学习动力来源于学习目标、兴趣、动机，目标越大、兴趣越浓、动机越强，动力就越大，这是学习的动力源。学习毅力来源于学习精神、心理素质、智力、意志和价值观等，认识有多深，毅力有多强，学习就会有多持久，这是学习力的核心。学习能力来源于学习方法，主要包括阅读力、记忆力、理解力、判断力、学习效率等，是学习是否具有成效的关键。学习创新力来源于系统思考，包括观察力、分析力、评价力、应用力，是学习的最高境界。学习力的几大构成要素不是孤立存在的，是相互叠加，互相促进，有机联系的整体，是人们自我学习、自我变革、自我超越、自我发展的螺旋式上升的过程。

那么，如何增强学习力呢？清末民初国学大师王国维先生在《人间词话》中讲到："古今之成大事业、大学问者，必经过三种之境界。"他集合了宋代三位名家的词句，描述了学习的三种境界。第一种境界是"昨夜西风凋碧树，独上高楼，望尽天涯路"（晏同叔）；第二种境界是"衣带渐宽终不悔，为伊消得人憔悴"（柳永）；第三种境界是"众里寻它千百度，蓦然回首，那人却在灯火阑珊处"（辛幼安）。对各级领导干部很有启迪，增强学习力，就应当循着这三种境界，做到真学、真信、真用，这样才能真正提高自己。要学习反映时代进步的现代经济、科技、法律、金融、历史、文学等方面的知识。这不是为了装点门面、附庸风雅，而是改善知识结构、扩大知识面的需要，是加强自身修养、充分履行岗位职责的需要。要学习的东西这么多，如何才能保证学有时间、学有所获呢？笔者个人体会，关键是要挤业余时间，打业余时间的主意。有人说，人的差异往往在于对业余时间的利用上。一个人如果每天挤出 1 个小时的学习时间，一年就是 365 个小时，必然能学到很多东西。提高学习力，就是要发掘这种学习潜能，把这种潜能当作一种稀缺资源进行整合，从而提升一个人、一个组织乃至一个民族的学习力。

纵观历史，一个崇尚学习的民族才能在历史的天空发出夺目的光彩。中国几千年的文明史，流传着一个个刻苦学习的动人传说和生动事例，如孟母三迁、凿壁偷光、铁杵磨针、头悬梁锥刺股等等；留下了一批宝贵的文化遗产，如《四书五经》、《史记》、《资治通鉴》、《永乐大典》等经典著作，造纸、印刷、火药、指南针四大发明，《天工开物》、《本草纲目》、《齐民要术》等科学巨著，《红楼梦》、《三国演义》、《西游记》、《水浒传》等文学名著；涌现了屈原、李白、杜甫、白居易、苏东坡、陆游、陶渊明等一批文化名人，还有革故鼎新的王安石、先忧后乐的范仲淹、刚正不阿的包拯、不畏权势的海瑞、舍生取义的史可法、虎门销烟的林则徐，兴办洋务运动的曾国藩、张之洞……如果没有重文尚学的传统，中华民族五千年的文明史就不会如此绚丽多姿、辉煌厚重，在历史的天空发出璀璨夺目的光彩！

一个崇尚学习的人才会有所作为，在人生的舞台上占得自己的位置。凡是有所作为的先哲伟人、巨匠大家，几乎无一不是博览群书、学富五车、通晓古今、才识渊博的。马克思为了写作《资本论》，曾钻研了 1500 多种书，引用了 296 个署名作者的 376 本著作中的材料和观点，还引用了 45 种报刊和 56 种会议报告及政府、团体刊物的资料。

美国前总统尼克松在《领导者》一书中，分析了包括毛泽东、周恩来在内的许多杰出政治家成功的原因，认为其中最重要的一条，就是他们都酷爱学习、善于观察、勤于思考。更为有趣的是：历史上的一些名人，人们几乎忘记了他们的业绩，却记住了他们博大精深的学问和脍炙人口的名篇、名言！楚国三闾大夫屈原因为坚持改革遭到排挤，被流放汨罗江，这一遭遇不是所有的人都知道，但有谁不知道"路漫漫其修远兮，吾将上下而求索"；我们提到岳飞，就会想到《满江红》，但不一定能想起他精忠报国、抗金杀敌的壮举；我们提到范仲淹，作为北宋著名的政治家、改革家，他为百姓建功立业可能被我们忽略了，但却记住了他的《岳阳楼记》和"先忧后乐"名句；我们提到苏轼，他在朝廷先后受到改革派和守旧派的排挤、几度流放、客死他乡的事可能不被人知，但我们都能记住他在黄州赤壁的千古绝唱"大江东去，浪淘尽，千古风流人物……"。现实生活中大凡政绩突出的人、进步很快的人、我们为之佩服的人、有思想品位的人，都是酷爱学习、勤于思考的人！

学习十分重要，可是，现实生活中，我们的干部队伍中，学习的氛围怎么样呢？说得不客气一点，学习的氛围不浓。有人认为没时间学习。鲁迅先生说过，"时间就像海绵里的水，只要愿挤，总还是有的"；高尔基说过，"世界上最长而又最短、最快而又最慢、最平凡而又最珍贵，最容易被忽视而又最令人后悔的就是时间"。

有人算过一笔账：每周 7 天，168 个小时，工作 40 个小时，休息 56 个小时，吃饭、交际、娱乐、家务劳动、锻炼身体 35 个小时，这样每周净剩 37 个小时，全年剩余时间为 1924 个小时，这些时间如果能有效利用 50%，全年就有 962 个小时，如果这 962 个小时能用来读书，按每小时 20 页的平均阅读速度计可读书 19240 页，即全年可阅读 96 本平均 200 页的书籍，那么人的一生利用这一时间阅读的书籍摞起来可达十几层楼高。

所以，对于我们每一个人来说，学习不是有没有时间的问题，而是重视不重视、利用不利用的问题。时间最无情，它一去就不复返，时间最公平，时间面前人人平等，它既不会因为你是领导干部就多停留一分，也不会因为你是平民百姓就少赐予一秒！要力戒浮躁之气，少一些应酬，合理规划时间，善于节约时间，有效利用时间，把有限的时间用在读书学习上。有的人觉得不需要学习，认为现在不学习也还过得去，凭经验办事工作还应付得了。其实成功的经验也需要不断地创新，否则会成为今天失败的理由。学习的甜头现在也许还感觉不到，但职位越高，就会越感到学习的重要；人生阅历越丰富，就会越感到学习的重要；越学习就会越感到学习的重要。

在知识经济时代，知识呈爆炸性增长。仅 20 世纪 60 ~ 70 年代 10 年的时间，人类的发明创造就超过了过去 2000 年的总和。以生物学为例，20 世纪来，生物学的知识量，超过了 20 世纪初生物学知识量的 100 倍，据专家预测，人类 2020 年拥有的知识 90% 以上还没有创造出来。知识转化为现实生产力的过程大大缩短。从电能的发现到第一座电站的建立时间间隔为 282 年。在美国，电话普及用了 75 年，电视机普及用了 30 年，而计算机的普及只用了 10 年，特别是激光技术，从发现到利用只有一年时间。知识更新的速度大大加快。据专家预测，18 世纪知识更新周期为 85 ~ 90 年，19 世纪到 20 世纪初缩短为 30 年，近 50 年又缩短为 10 年，进入 20 世纪 90 年代，知识更新的周期只有几年了。

在知识经济时代，最能证明个人价值的就是人的学习能力。即使是一个知识渊博的人，如果停止学习，也会变成了一个知识贫乏的人、一个孤陋寡闻的人、甚至是一个无识无用的人。现代社会的文盲不是不识字的人，而是不会学习的人。如果不注意学习，就会有越来越多的人被推到无知的边缘。有的人意识到了学习的重要性，也不是挤不出时间，但就是不愿学习，认为学与不学一个样，甚至学的不如不学的，热爱学习被认为迂腐，跟不上时代，有的人不爱学习甚至不学无术却照样赚钱了，升官了。确实，学习不一定能赚到钱，但它可以使你正确看待钱；学习不一定能使你升官，但它可以使你以平和的心态对待做官；学习不一定能使你人生成功，但可以让你正确看待成功。一句话，读了书，自己好。

学习十分重要，现实生活中没时间学、不需要学、不愿意学的现象必须改变。据专家分析，农业经济时代只需 7~14 岁接受教育，就足以应付往后 40 年工作生活之所需；工业经济时代，求学时间延长到 5~22 岁。在信息技术高度发展的知识经济时代，人类必须把 12 年制的学校义务教育延长到 80 年制的终身学习。

知识无止境，学习也就无止境。一个人不可能掌握所有的知识，一张文凭不能管用一辈子，一项技能不可能终身受用。不学习会被淘汰，少学习就会落后；只有好好学习，才能天天向上。要视学习为能力。一个勤于学习、善于学习的人，他的记忆能力、判断能力和决策能力明显要比他人强，工作也会更得心应手。

我们有些人只看到其他人处理问题时的游刃有余和驾轻就熟，却看不到他们对问题的悉心思索和对实际情况的深刻把握；只看到有的人讲话时信手拈来、口若悬河，却看不到他们在背后的刻苦学习和长期积累！要视学习为乐趣。多读些说理透彻的哲理书使人豁达明智；多学些科学实用知识使人充实多能；多看些色彩斑斓的文艺书是在享受生活、品味人生；多阅些名人传记如同穿越时空隧道、走进大师的心灵深处、与名家大师面对面交流。要视学习为需要。

古人云：三餐可以无肉，一日不可缺书；一日不读书，心臆无佳念；一日不读书，耳目失清爽。一个人要把"需要学习"看得跟"需要吃饭、睡觉"一样重要，把学习当成工作、生活的一部分，当成生命的组成元素。其次要拓展学习的内容。学点哲学，掌握科学的世界观和方法论，学会全面而不是片面地、发展而不是静止地、联系而不是孤立地思考问题、分析问题，提高解决实际问题的能力。学习做好本职工作所需要的专业知识，学习市场经济知识、金融知识、计算机知识和领导科学知识、管理科学知识，提高依法行政和科学管理水平，不断拓展意识的深度和广度。

同时，还要学其他文化知识，如历史、文化、地理等，提高自己的文化品位。再次要讲求学习的方法。要与实践相结合，既苦读有字之书，又学习无字之书，虚心向实践学习、向他人学习，提高辩证思维能力和驾驭全局的能力；要勤于思考，谋在心悟，做到每次学习，每有所得；要学以致用，用所学的知识来指导自己如何做人、办事、为官，让学到的东西进入自己的骨髓，溶入到自己的血液。学以致用，言行一致，才叫读好了书。学的说的是一套，做的又是另一套，那绝对不能算读好了书，这样子读书就怀有功利思想，只能叫作秀！

4. 学习力的本质是竞争

学习力是本质的竞争力。当今世界是一个充满竞争的时代，在 20 世纪 60 年代，被《财富》杂志列为世界 500 强的大公司，堪称全球竞争力最强的企业。然而，1970 年的 500 强到 80 年代三分之一销声匿迹，到 20 世纪末更是所剩无几了。这一方面反映了风起云涌的新科技革命和新经济的产生迅速切换或淘汰传统产业的大趋势，但同时也反映出这些大企业不善于与时俱进，跟不上时代的节拍而被时代抛弃的必然。实践证明，企业凡通过自我超越、心智模式、团体学习等提高学习的修炼，都能在原有基础上重焕活力，再铸辉煌。

美国的微软、日本的松下是这样，我国山东的莱钢、青岛的海尔也是这样。

他们成功奥秘在于：一是能以最快速度，最短时间学到新知识，获得新信息；二是组织的员工尤其是领导层能不断提高学习能力；三是加强"组织学习",形成具有特色的组织文化,集思广益,获得最大成效;四是以最快速度、最短时间把学习到的新知识、新信息用于企业变革与创新,最大限度地适应市场和客户的需要。

当前,世界格局深刻变动、经济全球化深入发展、科技进步日新月异,知识信息更新之快前所未有,社会实践发展之深前所未有,对学习的要求之高前所未有。面对时代大潮,谁能学得早、学得好,谁就能抓住先机,占据主动。学习型社会是美国学者罗伯特·哈钦斯于 *1968* 年首次提出的。*20* 世纪 *70* 年代,联合国教科文组织提出:人类要向着学习化社会前进。世界上许多国家、许多政党纷纷提出和实施建设学习型组织、学习型社会的重要战略。力争通过学习增强适应环境变化能力、提升发展竞争能力。在大力推进学习型社会建设的进程中,必须克服存在的五个问题。

学习动力不足

学习涉及人们的价值追求,习惯养成,精神感悟和实践运用,需要长期的积累和沉淀,需要有一种如饥似渴的动力。动力来自忧患意识、机遇意识。要把学习作为一种政治责任,一种精神追求,一种生活态度。将学习行为持续性和长久性,个人要终身学习和教育,企业要不断学习与变革,城市要始终保持竞争的动力和创新的活力。

学习内容单一

当今时代是一个变革、调整、创新的时代,新创造、新发展层出不穷。知识总量呈几何级数增长。据专家考证,*18* 世纪以前,知识更新速度为 *80 ~ 90* 年翻一番;*19* 世纪 *60* 年代,知识更新速度为 *50* 年翻一番;*20* 世纪 *90* 年代以来,知识更新加速到 *3 ~ 5* 年翻一番。因而,需要学习、熟悉和掌握的东西很多,必须不断拓展学习领域,加快知识更新,优化知识结构。

学习方法陈旧

随着社会生活环境和社会组织结构的深刻变化，人们获取知识的途径日益多样，对学习的自主性、即时性、便利性的要求显著增强。以往和如今组织学习的一些传统方式，已经难以适应新情况，解决新问题。必须积极探索现代科学方法来推进学习，大力倡导互动式、研究式、共享式学习。在交流、交锋、交融中营造生动活泼的学习氛围。

学习摆样做秀

在市场经济不断发展条件下，人们的心态比较浮躁，静不下心来。自觉不自觉地存在轻视学习的倾向。有的认为学习不学习无所谓，只要把领导交办的事情做好就行了。更有的把学习作为一种门面，摆功架，常做秀。有的口头上也反复强调学习重要，实际上是不注重学习。如有的人家里堆满书籍，但没有认真读过一本。

学习脱离实际

人的正确思想是从哪里来的？只能从社会实践中来。要坚持把向书本学习、向实践学习、向他人学习统一起来。学习的目的在于运用，学习的成效在于解决实际问题。今天我们所面临的重大现实问题是多方面的，从最大、最根本的讲，就是要抓住可以大有作为的重要战略机遇期，科学把握发展规律，主动适应环境变化，有效化解各种矛盾，更加奋发有为推进各项工作落实，真正达到民富国强。

5. 高学历不等同学习力

好的教育不等于好的学习力，或者换一句话说，有高学历者并不等同于有好的学习力。

曾有一位自卑压抑的同学说他只有大专学历，所以想不惜一切代价实现专升本的计划。

有人问他为什么？他说："没有本科学历不好找工作。"

别人告诉他说："告诉你一个秘密，本科生也不好找工作！"

地球日日夜夜旋转，青年分分秒秒追赶。不管有没有经济危机，继续教育领域的海洋里，都充满了扬帆远航的年轻战舰。很多人都想通过培训、进修、深造以及更高学历来提升自己。所以常有各种年龄的朋友来问，如何更好地规划自己的人生，如何取得下一人生阶段的更好开局。

其实，个人成长的路有很多，从工作中积累经验、敢于变换轨道开创事业新天地、通过学习和培训充电都可以选择，不必拘泥于学校教育。教育并不等于学习力，更不等于竞争力。最好的学习力，绝不是取得哈佛耶鲁的博士学位，而是不断从生活中汲取知识、能量和动力的能力。

$S = E + E$，是一条在职教育的成功公式，也可以是提高竞争力的公式。S 是 Success，成功；第一个 E 是 Education，教育；第二个 E 是 Experience，经验。这个公式用中文读出来就是："成功是教育加经验的平衡。"它把实际工作经验，提升到和教育经历同等重要的地位。

好的教育经历也许能够使一个人获得某种成功，但具体工作中学习而来的知识和真正的学习能力，更是和教育经历同等重要的成功保障！对于职业人而言，我们人生非常宝贵的东西，其实就是在工作中积累的经验，这个经验主要由工作技能和人脉关系组成。你职场深造的最佳选择，就是在既有工作经验的基础上，选择一个通往相关行业中更高位置的学习、成长之路。

所以，这位大专生应该努力干好他的工作，然后，在工作中求发展，在工作中求提升，等到自己的工作资历积累到可以炒老板的地步时（也就是具有了行业内部的竞争力时），再来讨论是否搞一个本科甚至研究生学历的话题。

从某种程度上，人作为劳动力被淘汰，不是你不优秀，而是因为你的知识以及建立在这知识之上的行为方式已经过时了。学习要从发现问题和自己能力及管理上的不足开始，更新自己的知识储备，总结出更多的智慧，让学习成为你发展的引擎。

随着工作的深入、经验的积累，在职场打拼三五年之后，人们往往会进入一个"事业瓶颈期"。事业瓶颈期的特点是：你从组织内部获得的职责与期待，与你自身素质和能力的不适应。你开始感到自己能力不够用，自信心衰退，强烈地感到需要进修深造。

拥有良好学习力的意义就在这里，它能使一个人不断变成"更好的你自己"以及"最好的你自己"。管理大师彼得·圣吉在著作中说道："之所以不能成功，都是因为学习能力不够，或者说没有学习的能力。"

关于学习力的公式表述为：$L \langle C = D$。L 代表的是学习速度，C 代表的是变化速度，D 代表的是死亡，意思是如果学习速度跟不上环境变化的速度，那就只能死亡。这就要求个人以最快的速度、用最短的时间学到新知识、捕获新信息，并以最快的速度、最短的时间应用于工作和创新，也就是说用最短的时间得到一个"更好的自己"。

实际上，不存在危机时期的学习或繁荣时期的学习。无论经济危机或经济繁荣，职场需要的人才是不变的——那就是所受教育和经验与岗位需求相匹配、同时又有着强大学习力的人。所以在瞬息万变的现代社会，"活到老，学到老"已经不是少数人自勉的警句，而是一种现实状态。"以不变应万变"的理论早已过时，变革同样也是竞争力。敢于求变、敢于打破常规、更换轨道，就是一种强大的学习力和成长力。

学习力让人的眼界、知识、能力不断提升——我们或许无法决定或选择外部环境的变化，但是我们可以通过自身的学习力来保证自身的竞争力。

如果套用上面的公式，在如今经济环境（C）出现剧烈变化的情况下，自身学习的速度（L）就显得尤为重要，这就要求我们将学习力的效率达到最大化。要如何才能做到这一点呢？可以用一句话来概括：强化学习动力、提升学习能力、保持学习毅力。而每个人都有不同的学习习惯与方法，这需要每个人去仔细地分析、总结。

6. 培养学习力首先要自信

是否具备强大的学习能力，是决定事业成败和人生幸福的关键因素。学习力很关键的两点是学习培养信心和认识自己，这是掌握其他具体能力和方法的前提。

一个人起点的高低并不重要，重要的是知道你的梦想在哪里，并且懂得该如何兑现自己的梦想。可能你天资一般，后天的机遇也平平，但是只要拥有强大的学习力，你就会不断地突破自我、改变命运，让梦想照进现实。

无论何时，人都要对自己有信心，要相信通过学习和努力，可以提高能力、改善境遇。如果你的普通话很差，和人交流沟通时往往很不自信。但是你只要相信，这只是你前进道路上一个很小的障碍，只要理念和方向正确，并且有信心，就不会有什么不可逾越的困难。而每当你挑战成功的时候，就会倍受鼓舞。良性的学习过程就是一个不断地增强信心的过程。

说到学习，可能很多人会想到回学校进修，再拿一个学位，或者再学一项技能。其实，学校绝不是学习的唯一场所，甚至也不一定是最佳的场所，从当下着眼、从自身出发往往才能够找到最适合自己的学习方式。

每一行有每一行的学问，每个人也都有每个人的学习方式。不管是管理者、技术型人才，还是销售人员，都需要培养各自专业的学习系统。有的放矢地根据自身情况和当下情形，给自己量身订做学习目标，这要比盲目地求学和充电好很多，而且会让你的努力立竿见影。

一个人的强大并不在于他今天拥有了什么，而取决于他是否拥有变得更加强大的能力。我们或许都是平凡而普通的，但只要拥有自省、自察和自我完善的智慧，通过不断地学习、不断地自我更新与进步，就一样可以缔造不平凡的人生。

7. 提高学习力的六大要素

要想提高学习力，需要掌握以下六大要素：

树立正确的目标

目标是很重要的，一个人的学习活动没有目标，行动就是盲目的，是没有结果的，就好像一个船在大海里面航行，没有目标，你在里边转来转去，是永远也达不到彼岸。有了明确的目标，人的潜力才能得到最大限度的激发。学习目标是重要的，但是很多人也确定自己的目标，为什么执行不下去呢，实际上学习目标从科学的概念来说有很多具体的要求，这些具体的要求做得不够的话，有了目标也是没用的。

让学习变得快乐

我们推崇适合个人需要和能力的学习方法，坚信每一个人都应该学习。只要加以正确的引导，就不会感到游戏和学习之间的区别。能够在愉快的情绪下获取知识对我们而言，是一种宝贵的学习体验。

激发人的内在潜能

人类的大脑潜能更是巨大的，人类大脑90%以上都是处于休眠状态。世界上谁最聪明？爱因斯坦，到目前为止爱因斯坦被认为是世界上聪明绝顶的人。爱因斯坦死了以后，科学家对他的大脑进行了解剖，发现他的大脑是目前世界使用最多的人。但也只使用了1/3，2/3仍处于休眠状态。只要我们能够调动起自身的潜能，学习目标一定能够大幅度提高。

掌握知识的认知结构

认知结构就是所学过的知识在头脑中的储存方式。知识在头脑中是相互关联的还是各自独立的？是条理清晰的还是混乱不清的？是灵活贯通的还是刻板僵化的？认知结构不同，也就决定了利用知识解决问题的能力不同。有一个人，使用了结构树的知识梳理方法，取得了很好的效果。这就是掌握的认知结构的效果。

设法进入宁静专注的状态

注意力集中的程度决定着思维的深度和广度。科学史上思想深邃的巨人都特别能集中注意力。奥托弗里希回忆说："爱因斯坦特别能集中注意力，我确信那是他成功的真正秘诀：他可以连续数小时以我们大多数人一次只能坚持几秒中的程度完全集中注意力。"这句话很精彩，它清楚地揭示出了优秀科学家与一般人的不同之处。对于每一个学习者来说，如果能达到这样的程度，何必为学习而发愁？宁静、忘我、轻松又专注，这样的学习状态学习效果比较好。

学会自我调节

兴趣是个体力求探究、认识某事物或从事某种活动的心理倾向。它是我们学习的强劲动力。兴趣也是可以培养的。学会自我调节是通向愉快学习的有效途径，因为这是一种能够把被动学习转变为积极的、有目标的学习的方法。

在学习过程里边，并不是说自己不管自己了，自己监视着自己，评估着自己，反馈着自己，然后有什么不足，修正，这样一个过程就是自我调节学习过程。这样一个过程里边，把你的智力因素和非智力因素都协调发挥好，不断地完善达到最佳学习的效果，获得最好的成绩，进而从做学问、到做事情做人方面，也不断地反馈自己，反思自己，从一个成功走向另外一个成功，逐步走向自我完善和自我实现，从而获得大成就、成为大人才，为国家做出大贡献。

以上这些因素是影响学习成败和学习成才的关键要素，这些要素如果培养好了，形成了科学的学习观念，就能够健康成长。

应该说，这六大要素变成理念，无论目标也好，心理状态也好，就会非常安静，非常轻松，这个状态是非常好的，没有压力，没有紧张，没有焦虑，这样的状态，有强烈的学习欲望和动力，感到学习就是一种享受，这样去学习都会无形中增强自己的学习力。

8. 学习力的实践方法

学习力是一个人学习态度、学习能力和终身学习之总和。这也是动态衡量人才质量高低的真正尺度。

"未来属于那些热爱生活、乐于创造和通过向他人学习来增强自己聪明才智的人。"以下是6种终生学习力的实践方法：

自觉学习

反省检讨自己的心结在哪里，盲点是什么、有哪些瓶颈需要突破是自我精进的关键途径。

流通学习

与人分享越多，自己将会拥有越多。

快乐学习

终生学习就要快乐学习，开放心胸并建立正确的思维模式，透过学习让自己完成心理准备，应对各种挑战及挫折。

改造学习

自我改造，通过学习向创造价值和降低成本努力，这种改造的效果往往是巨大的。

国际学习

面对无国界管理的时代，不论是商品、技术、金钱、资讯、人才等，皆跨越国界流通。因此，身为现代经理人，学习的空间也应向国际化扩展，开创全球化学习生涯。

自主学习

每个人有自己和生活规划时，更要自主地选择学习项目安排自主学习计划，以迎接各种挑战。

9. 哈佛培养学习力的方法

（本文是哈佛大学文理学院院长柯比对学习力的论述，辑录在此供大家学习，本文有删节）

曾经有人给学习力下了这样一个定义：学习力，就是学习动力、学习态度和学习能力的总和。但我认为，如果非要给学习力下一个准确的定义的话，它应该是包括学习动力、学习态度、学习方法、学习效率、创新思维和创造能力的一个综合体。

学习力的几大构成要素不是孤立存在的，而是相互叠加，互相促进，有机联系的整体，是人们自我学习、自我变革、自我超越、自我发展的螺旋式上升的过程。就像我在前面所说的：学习力是一种学习的方式和解决问题的方法。

在有些人看来，似乎创新思维与创造能力与学习没什么太大的关系。他们认为，学习者只要记住老师教给他的知识就可以了，别的东西，对学习来说都不是主要的。

其实，这恰恰是那些灌输式教育者最大的悲哀。他们没有意识到，一个只是机械地将老师教授的内容记忆下来，不会用创新思维来进行独立思考的学习者，只能成为学习的奴隶。

同样，一个学习者如果不具有创造能力的话，不管他具有多么丰富的知识，也永远是在模仿和抄袭。

一直以来，有很多记者和教育界的人士都问我这样一个问题：什么最能体现哈佛的特点？我的回答是：在哈佛，学什么由你自己决定。我们之所以给予学生这么大的自由度，就是为了让他们养成认识自身和世界的多种视角，赋予他们知识、技能、思维的能力和生活的基础，使他们能够形成终身学习的理念，从而终身都能够适应环境变化。

哈佛大一不分系科专业，我们希望学生通过一年的学习和尝试，发现并确认自己真正感兴趣的专业方向。大二开始在40多种学科中选择专业，选定之后也允许改变。哈佛本科4年，至少要学30多门课，分为：7门"核心课程"、16门专业课，再加上8门选修课。所谓"核心课程"，是每个学生的必修课，涵盖"外国文化、文学与艺术、历史研究、道德推理、数量推理、社会分析"等领域。各领域再细分为若干亚领域，共有11个亚领域，每个亚领域开设几十门课程，供学生自由选择。

再以哈佛大学的肯尼迪学院为例，每学年仅在肯尼迪学院就有300多门课程可以选择。此外，作为肯尼迪学院的学生还可以到哈佛别的院系去选课，比如说商学院、法学院、教育学院、公共健康学院、文理学院的经济系、政府系等；也可以到哈佛以外的麻省理工学院、Fletcher法律和外交学院去选课。

但是，这种选课的自由对新生也是一种挑战。他们必须根据自己的背景、能力、兴趣和人生的目标来重新评价并设计自己，然后围绕着自己设定的目标来选课——试想，要在开学后的短短几天来计划自己今后的一生该是一件多么艰难的事情！

让学生自己决定学什么，正是培养他们主动学习精神的一种非常好的方式。就单个人来说，他行动的一切动力，都一定要转变为他自己的愿望，才能使他行动起来。学习活动也一样，是否积极主动地去学习，喜欢学些什么，学习的效果如何，都取决于学生是否具有旺盛的学习动力。它是学习力中最具有激情的一种能力，可以说，没有学习动力，你就永远也不会具备学习力。

我曾经不止一次地说过：其实，哈佛并未教给学生些什么，我们只是创造了一个让他们学习的环境，来启发他们的危机意识、对未知的好奇心以及广泛的兴趣。对于按照自己的目标、兴趣等因素选定的课程，他们才能具有强烈的学习动力和学习欲望。即使在离开哈佛以后，也会自主地去学习使自己不断增值的新知识。

"可是一个人的想象总应当超过他的能力，不然为什么要有天堂？"这是罗伯特·布朗宁于 1855 年所作的一首诗中的诗句。虽然，今天一个人所能做到的事情可能要超过布朗宁时代的任何一个人的最大胆的想象，但大自然的法则仍然未变：一个人的想象如果不能超越他现时的能力，他就会停止学习，他的生活就会变成简单的求生，最后，就会被一个更有想象力的演员推下人生的舞台。而这种想象就是一个人的学习动力和学习欲望。

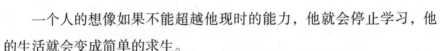

一个人的想像如果不能超越他现时的能力，他就会停止学习，他的生活就会变成简单的求生。

可以说，哈佛给予你的，是最好的学习方法和训练方法，这些方法都可以用来提高你的学习成绩。但是，如果你真想获得成功，则必须坚持努力运用和拓展这些方法，使自己的能力得到最大的发挥，同时不断地寻找自己最感兴趣的东西和新的理想目标。

首先，明白自己为什么学习

任何人的学习，都一定要通过他的头脑，一定要转变为他愿望的动机，才能使自己行动起来，被强迫学习的东西是不会保存在心里的。

就在几年前，哈佛神学院录取了一个看起来很奇怪的学生，有人把他当作一个不折不扣的傻子。他不仅多才多艺，而且各个方面都非常杰出，他的理科的成绩几乎满分，被麻省理工学院录取，他的小提琴演奏水平已可以直接进纽约交响乐团，被朱利亚音乐学院录取。无论是读麻省理工学院，还是学音乐，将来都不用为工作发愁，而神学院毕业的很可能连工作都找不到。

为什么他要进神学院？这是很多教授都感兴趣的。听听他的回答吧，他说，我还年轻，工作并不是主要的，可以慢慢来，可是，信仰的问题，神是什么，人何以才能超越，这些是我的人生的功课，这些功课不做，我活着一天都不得安宁。我读书不是为了职业，而是为了我的人生。

我曾经建议哈佛的学生们最好每天都问自己一个相同的问题：我为什么要学习？这个问题看似简单，实际上非常重要。如果一个人没有良好的学习动机，不明白做事的目的，就很难产生强大的内驱力。所以，对这些年轻人来说，不解决为什么学习的问题，看不到学习的必要性，他们就永远也不会具有学习的动力。

正是因为一个人的生命是有限的，所以认清自己要什么并且找出动机是很重要的。人生若是没有动机，就像汽车没有了燃料，是走不了多远的。有些人学习是为了应付考试或是应付父母和教师，这样的心态实在很可惜。

下面是一些大多数人为什么学习的原因：

A. 证明自己的学习力；

B. 知识本身的吸引力；

C. 取得学习另一课程的资格；

D. 得到学位证书；

E. 有一份好工作；

F. 父母或老板要求我学习。

上述内容可分为三组。A 和 B 属于个人原因，你想要的回报就是学习本身。如果你选了它们，你可能会感到心里很踏实。如果你选了C、D、E，这表明你的学习原因对你很重要，但得到回报的时间较长，你可能感到学习很枯燥，因为最后的回报太遥远了。最后，如果你选择了 F，你可能是一个厌恶学习的人，你根本不想学习，只是迫于各方面的压力而为之。

对于学习者来说，你必须要知道你通过学习想得到什么东西。因为，成功的学习依赖于学习对你的重要性，如果你不能使学习变得很重要，如果你不能使学习变得有乐趣和有收获，你的学习将始终没有多少进展。

上中学的小外孙吉文曾告诉我这样一件事：暑假里，他和他的一群小伙伴一起到郊外玩，正当他们玩得愉快的时候，突然有一个女孩儿哭了起来，说是必须赶紧回家。

她着急地说："天哪！我竟忘了看时间，今天的功课我还没有做。"

"现在是假期，怎么还有功课？"伙伴们问她。

"是我妈妈让我做的，如果没有按时做完，她会揍我的。"那个小女孩哭丧着脸说。

听到这里，我感觉到，不管那个女孩儿走到哪里、做什么，学习的负担总像影子一样跟着她。更为严重的是，这种负担竟来自她的妈妈。她在这种被迫式的学习下，虽然眼前可能会有好的成绩，但日日夜夜被学习负担压抑着，那种心情不可能是愉快的。她的学习并不是为了自己，而是为了不挨妈妈的打，在这种情况下，她怎么可能具有主动学习的意识呢？

不幸的是，在我们的周围还有不少像这个女孩儿的妈妈一样的家长，她们不是在帮助孩子明确自己的学习目的，只是在牵着孩子的鼻子用功，结果只会适得其反。

现在，让我们从下面列出的这些学习目的中来看看你的学习到底是想要得到什么结果：

A. 我希望享受学习的乐趣；

B. 我希望通晓我所做的工作；

C. 我希望通过……的考试；

D. 我希望我的学习与我的工作更紧密地联系起来；

E. 我希望得到更好的工作以使生活更好一些。

如果你选择了目的 A 和 B，你就已经找出了一些对你来说很重要的东西。如果你选了目的 C、D 和 E，那你就还需要在今后把自己的目标订得再具体一些。

去年 5 月份的时候，我在威德纳图书馆碰到了这样一件事。在那里，我遇见了我认识的一个学生格雷。

我问他："你在这里都做什么？"

"读几本书。"他回答。

"为什么要读那些书？"我问。

"不为什么。能够阅读经典是我的目的。在阅读经典的过程中，我学到了中世纪的德语和拉丁语。"

我对他的回答非常满意。在一些学校的图书馆里，我也总是看到有许多学生在伏案学习，我向他们问道："你们为什么学习？"

"就是要个好分数呗。"他们几乎异口同声地回答。

相比之下，格雷并不看重考试分数，而是喜欢看一些经典的书，从中获得广泛的知识。然而这样的结果，也很自然地获得了令人羡慕的考试成绩。对学习来说，主观目标越明显，越能够放下包袱，越能够调动学习的主动性。

在学习中有一个清晰的目标，并为实现这个目标而学习的时候，学习就不再是讨厌的、与自己的人生无关的负担了。这时，学习就成了有趣的、能够决定自己命运的最紧要的事。只有这样，你的学习才是主动的、自觉的，而不是被迫的、压抑的。

"明年要进入 NBA 的前三名。"篮球运动员提出这样明确的目标，训练就可以取得最佳效果。学习也一样。我们为学生专门设立了谈话室。在谈话教员的笔记本上，第一个句子就是：

"没有人生目标就会出现成绩低下、暴力、吸毒、酗酒等一系列问题。"

有一个印第安人的传说也充分说明了目标对学习的重要。故事的开头是这样的。有一天，一个印第安人小男孩捡到了一只鹰蛋，便把它放进了松鸡的窝里。后来小鹰和其他小松鸡一起孵了出来，并和它们一起长大。这只小鹰一直认为自己是一只普通的松鸡，所以做什么事情都和其他松鸡一样。它在土里找虫子和种子吃，从来不远飞，而且翅膀扇动起来也很难看，只能飞起几尺高，总之，松鸡就应当这样飞。

当这只小鹰长大后，有一天看见一只矫健的大鸟在高空中翱翔，它那金色的翅膀是那样有力，一振翅能穿入云霄。

"这只鸟多美啊！这是只什么鸟？"这只鹰向身边的一只松鸡问道。

"那是一只鹰，是鸟中之王。"那只松鸡回答说，"但是你再也不要想这件事了。你永远也不能像它那样飞翔。"

结果，那只鹰也就再没想过这件事。它从未试图高飞过，最多不过挥打几下翅膀，抖抖羽毛而已。一直到死，它心里一直把自己看作是一只松鸡。

在现实生活中，有许多人明明是一只鹰，却总是把自己看作是松鸡，也就只能像一只松鸡那样生活一辈子。

　　我的朋友安尔尼·拉马纳出生在意大利西西里岛上的一个采石场中的小村庄里。他一共有十个兄弟姐妹，所以不到12岁便到采石场干活了。每天，头顶着西西里岛那灼人的烈日，耳中回响着震耳欲聋的锤击声和巨大的石块滚入坑底时相互撞击的声音。

　　安东尼·拉马纳惟一的奢望就是能到海边的硫磺矿或盐矿去干活，那儿的工钱要高一些。但是，就连这些矿井也显得那样遥远。这些矿井在山的另一面，还要穿过一条山谷，山谷中奔流着阿西那勒思河。小安东尼到硫磺矿或盐矿去多挣几个钱的幻想是那样遥远，甚至远不可及。

　　这儿很少有人离开过采石场。他们每天日出上山，日落下山。只能偶尔从一两个牧羊人那儿听到一点儿山那边的消息，这就是他们的全部生活。

　　安东尼·拉马纳小学时就阅读了有关该岛的历史，听老人们讲述该岛的变迁。他认为西西里岛自从尼奇亚斯和雅典人的军队于公元前415年在阿西那勒思河畔被歼灭以来的2000多年中，几乎没有什么大变化。当时战败的雅典士兵被罚在采石场做苦役，他们在烈日下煎熬，直到死去。

　　安东尼·拉马纳16岁那年，沿着山谷顺流而下，一直来到海边。在盖拉海湾中，他看到一只货船正在装货，准备开往美国，便上船当了水手。

　　在美国，当他遇到困难时，有多少次他曾想重新踏上从采石场回家的道路，听一听牧羊人那熟悉友好的声音。但是，由于采石场4年的苦役使他掌握了凿石的技术，他在新泽西州沼泽地的渠道工程中干了几天之后，便在华盛顿当上了石匠学徒。

　　22岁那年，也就是来美国6年之后，他终于获得了自己梦寐以求的证书——一张石匠工会卡。不久他便被选去在林肯的纪念碑上雕刻林肯在葛底斯堡的讲演词。每天，当他在高高的脚手架上工作时，都要认真地琢磨巨大雕像的面部表情。这位悲哀的、疲惫的人，早年生活在和安东尼·拉马纳一样艰苦的环境中，后来当上了律师，最后又当上了总统。他在美国最危难的时刻，拯救了美国，并发表了不朽的宣言。现在，这个从西西里岛来的移民正在把这个宣言刻在石头上，让人们永远铭记在心里。

有一天吃午饭时，安东尼坐在高高的脚手架上，望着巨大的林肯雕像，这位来自西西里岛山区的小石匠突然做出了一项决定：安东尼·拉马纳能够成为一个更有用的人，他要当律师。他在一块木板上写道："安东尼·拉马纳"，在他的名字下面又写道，"安东尼学法律。"那天晚上，他把那块板子带下了脚手架。他的朋友都笑话他："你是林肯第二吧？安东尼，你看雕像看呆了"。

安东尼过去只在西西里岛的一所乡村小学读过五年级，想在华盛顿大学国家法律中心学习，真是谈何容易。每天，他要在脚手架上连续工作10小时，下班后还要上夜校去补习英文。他的帆布兜里不仅装着凿子、锤子和午饭，还装着课本。他常常匆匆忙忙地吃过午饭便抓紧时间读书。他坐在一段木头上．一手拿着书，另一只手拿着两片玉米饼，中间夹着一块咸猪肉。他的朋友们都笑话他，正像许多年前林肯的工友笑话林肯一样。

最后，安东尼·拉马纳考入了法律学校。但是，第二次世界大战爆发了，他只得离开美国去同法西斯作战。回国后，他在很短的时间里相断获得了一个法学学士和一个法学硕士的学位。

后来，他一直在纽约和华盛顿担任律师，工作非常出色。同时，他还连续30年担任退伍军人管理局的特别顾问。我是在一次聚会中认识他的，虽然我们两人的年龄差距很大，但我们还是成为了无话不谈的好朋友。当我问他，我是否可以用他的故事来描述目标作为学习动力的含义时，他让我去找一个更好的典型。当我让他谈谈对学习动力的看法时，他说："那不可能，因为每个人都必须自己去发现动力，并自己为动力确定具体的含义。"

安东尼说的没错，他之所以成功，就是因为他给自己定下了一个远大的目标，并坚决地一步步向自己的目标迈进。

有人曾做过这样的实验：将一只跳蚤放进玻璃杯里，跳蚤能立即轻松地跳出来。而它所跳的高度，一般是身体高度的 400 倍。如果在杯口盖上一块玻璃，跳蚤就会一次次撞在玻璃上，不过，很快它就变得聪明起来，开始调整跳的高度，只在玻璃下跳动，再也不会撞到玻璃上了。一天以后，实验者拿开玻璃，跳蚤仍然以原有高度跳动。一周以后，它虽然还是不停的跳动，但已经无法跳出这个玻璃杯了。难道跳蚤真的无法跳出来了吗？不是！只不过它已经确信，那个高度是自己无法逾越的。

现在，就有很多人正在过着这种"跳蚤人生"：几经奋斗，几经失败，他们不是在不停抱怨自己的运气不好，就是怀疑自己的能力不够，于是就一次次降低自己的目标，最终因害怕挫折而一辈子过着平庸的生活。这正像艾萨克·辛格所说："如果你一直说事情会越来越糟糕，那么它就真的会越来越糟糕。"

哈佛的字典里没有"毕业"

形式上的学习生活虽然终结了，但你一辈子都还是学生。不到生命和世界告别时，你真正的学习生活是不会结束的，也不应该结束。

我读过一篇文章，它这样描述了一位父亲的担忧：

每一次我到幼儿园接女儿回家，望着她那无忧无虑的小脸蛋，我的担忧就愈发沉重起来：可怜的孩子啊！你知道不知道，许多年以后，

122

当你踏入社会谋求一份办公室普通文员的职务时，最少会有8个同胞与你竞争这个位置，其中包括两个耶鲁的博士、三个牛津的硕士，而另外三个人则具有5年以上在跨国公司工作的经验。到那个时候，如果你不能比他们更优秀，你就做好申请救济金的准备吧！

这夸张、俏皮而又诙谐的文字，非常尖锐地从一个侧面道出了严酷而激烈的竞争现实。针对这种现实，如果你不具备危机意识，不能通过不断学习来改变自己，就必将会被时代所淘汰。

通常，刚进入哈佛的学生大都非常不理解这里的教授为什么要布置那么多的课外阅读。因为，从来没有人能在在校期间看完所有的材料。后来，他们在学生服务中心找到了答案。在那里，陈放着许多关于哈佛的介绍资料。其中有一份，标题是："教授布置了大量阅读，我根本无法完成，怎么办？"答案是："阅读材料是教授们精心准备的，要尽量阅读，哪怕是在离开哈佛以后。因为，哈佛的字典里没有'毕业'。"

这个问题的答案使他们明白了一个道理：在你离开哈佛以后，虽然形式上的学习生活终结了，但你一辈子都还是学生。不到生命和世界告别时，你真正的学习生活是不会结束的，也不应该结束。你还需要不断地去学习，让学习成为你一生都在做的事，而不管你人是否还在学校。

不到生命和世界告别时，你真正的学习生活是不会结束的，也不应该结束。

虽然从开始上学到离开校园，你要经历十几年的学生生涯，但这毕竟只是人生的一部分。这段时间所学的知识还不足以应付你将来在工作和生活中遇到的各种问题。学校能给你的只是正确的学习方法和思考方式。在生活和工作中所需要的大量其他知识都需要你通过自我教育来完成。

现在，有很多人都陷入了一个相同的误区，他们以为人一旦离开了学校就没有必要再学习了。

其实，人的一生都是一个学习的过程，即使没有意识到，你也是一直在生活、工作中学习。但这种被动的学习效果肯定不会明显。如果自己能具有不断的自我教育意识，能够以诚恳的态度去学习，你就能克服所有危机，赢得你所希望的一切合理的东西。

在几千万年前的白垩纪，地球上曾经生活着成千上万只恐龙。这些恐龙体态庞大，种类繁多。它们或在天空滑翔，或在水中游走，或在陆地奔跑，是当时地球上占绝对优势的物种。忽然有一天，这些庞然大物神秘地全部灭绝了。

关于恐龙灭绝之谜，我们还没有完全解开，有的说是小行星撞击地球，有的说是发生了强烈的火山喷发。无论哪种说法，有一点是肯定的，那就是恐龙不能适应环境的变化，才导致了灭绝。而与恐龙同时期的蜥蜴等动物则成功地适应了变化，生存下来，发展到现在。

另外一个故事是关于乌鸦的，虽然真实性非常值得怀疑，但其中的启示还是值得我们深思。据说，在一百多年前，一个虔诚的传教士带着几只乌鸦到了非洲的一个小国家。几年以后，传教士死了，乌鸦却一代一代繁衍着，并且越来越多。这些乌鸦浑身都是黑色的羽毛，终日嘎嘎地叫着，令人非常讨厌。于是，当地的人们就开始射杀它们，许多乌鸦被杀死了，照这样下去，乌鸦很快就会在这个国家绝迹。

剩下的乌鸦已经不多了，它们一看见人就逃跑，后来就干脆躲到树林里，但这也不能保证安全。为了生存，它们把自己的羽毛染成了像树枝一样的灰色，并向当地的鸟儿学习鸣叫，渐渐地，叫出来的声音也没那么难听了，而是轻轻的，像是在乞求。

令人讨厌的颜色与声音都没有了，当地人就不再射杀乌鸦，它们在那里继续繁衍了下来。

当危机来临时，恐龙丝毫没有意识到灾难的到来，所以它灭绝了。

而乌鸦却能通过学习改变自己，从而幸存下来。

面对永恒变化的自然界，动物遵循着"适者生存"的法则，进化着，发展着。人类也是如此，我们必须根据环境的变化来不断学习，不断改变自己，主动地去适应社会，否则成功将无从谈起。

如果将人看作一棵树，学习力就是树的根，也就是人的生命之根。我们评价一个人在本质上是否具有竞争力，不是看这个人在学校时的成绩好坏，也不是看他的学历有多高，而是要看这个人有多强的学习力。这就像我们观察一棵大树的生长情况一样，不能只看到大树郁郁葱葱、果实累累的美好外表，因为无论有多么美的外表，如果大树的根已经烂掉，那么眼前的这些繁荣很快就会烟消云散。

如果将人看作一棵树，学习力就是树的根，也就是人的生命之根。

我的邻居海曼曾经是霍普金斯大学的学生，这所大学的医学院在全国排名第二，仅仅排在我们后面。离开学校后，她成为了一名医术高明的牙医，她每周只工作三天，而每年的收入是 10 万美元。她对自己的这份工作十分满意，认为就这样下去没什么不好的。但是，令人遗憾的是，在 40 岁的时候，她的手因患了关节炎而无法再做牙医的工作了。最后只能到一所中学教书，收入也由原来的每年 10 万美元减少到了 3 万美元。

海曼的错误就在于认为自己目前的工作已经很不错了，没有必要再浪费时间去学习一些新的技能和谋生手段，更没有必要去尝试一些自己没有做过的事情。看看吧，这就是停止学习的后果。

我想大家可能都听过这样一个试验：如果把一只青蛙放进沸水中，它会立刻试着跳出来。但如果把青蛙放进温水中，不去惊动它，它将呆着不动。如果将温水慢慢加热，当水温从华氏 70 度升到 80 度，青蛙仍显得若无其事，甚至自得其乐。可悲的是，当温度慢慢上升时，青蛙将变得越来越虚弱，最后无法动弹。虽然没有什么限制它脱离险境，青蛙仍呆在那里直到被煮熟。这是因为青蛙内部感应生存威胁的器官，只能感应出环境中的激烈变化，而不能感应出缓慢渐进的变化。

其实，大多数人的头脑，也是习惯于察觉周围发展较快的事物，而对持续发展的事物难以察觉。为了避免成为被煮熟的青蛙，就必须要敏锐地察觉出形势发展所构成威胁的渐进过程，具备终身学习的意识。

查尔斯曾经在哈佛度过 4 年的大学时光，他现在就职于纽约的一家软件公司，做他最擅长的行政管理工作。不久前，他的公司被一家法国公司兼并了，在兼并合同签订的当天，公司新的总裁就宣布："我们不会随意裁员，但如果你的法语太差，导致无法和其他员工交流，那么，不管是多高职位的人，我们不得不请你离开。这个周末我们将进行一次法语考试，只有考试及格的人才能继续在这里工作。"

散会后，几乎所有人都拥向了图书馆，他们这时才意识到要赶快补习法语了。只有查尔斯像平常一样直接回家了，同事们都认为他已经准备放弃这份工作了。毕竟，哈佛的学习背景和公司管理层的工作经验会帮助他轻而易举地找到另一份不错的工作。

然而，令所有人都想不到的是，当考试结果出来后，这个在大家眼中肯定是没有希望的人却考了最高分。原来，查尔斯离开哈佛以后一天也没有停止学习，他在工作之余不仅自学了法语和希腊语，还成为了一个软件编程高手，这可是他原来最不擅长的。

长久以来，有很多人都在苦苦思考一个问题：为什么有 20% 的哈佛学生在美国 500 家最大的公司里担任要职，30% 的哈佛学生在担任世界各地公司的首席执行官、董事长，在美国 500 家大财团中，三分之二的项目经理人有哈佛背景。他们都认为我们肯定有一种神秘的教学方法，才能培养出那么多的优秀人才。

其实，哈佛学生的成功虽然有我们教学方法的因素，但最终决定他们命运的还是他们自己。如果在离开哈佛以后，他们就满足于已经学到的知识，从而停止了学习，我想他们永远也不可能取得现在的成就。我们所做的，就是使他们将那些所谓的"毕业"概念从头脑里踢出去，永远都不要说："啊！我终于毕业了，我的学习生涯结束了！"

10. 中小学生学习力自测题

下面每行中都有一些两两相邻、其和等于 *10* 的成对数字，在每对相加等于 *10* 数字的下面画上线，

例如：*8795 64367 8226 91*

测试要求

（1）小学生在 *8* 分钟内，初中生在 *5* 分钟内做完，不要超时，否则测试成绩不准确。

（2）从一开始做，就一直到做完为止，中间不能停顿。

测试标准

下面数字行共有 *150* 对相加等于 *10* 的邻数，每答对一对数字，则得 *1* 分，例如：孩子答对下面共 *130* 对，则得分 *130* 分。

评分标准

得分 *138~150* 的，学习力、注意力非常强，学习效率高；

得分 *116~137* 的，学习力、注意力比较强，学习效率比较高，需要提高注意力；

得分 *102~115* 的，学习力、注意力一般，刚好及格，学习效率比较低，更需要提高注意力；

得分 *101* 以下的，学习力、注意力比较差，学习效率很低，是注意力不集中的孩子，最需要提高注意力。

A *79148756394678831234567898765437*

127

B 9176543219876543142152162172 8194

C 128456789123456715 21631746135124

D 33467382914567349129123198265190

E 519827746753709880283 82032465934

F 2056377089574974550553 3554465505

G 643289763782093824578 64018258640

H 7655474446668883134517 8313141561

I 32832112312354378239237 236324376

J 987987876826765 70198684743289619

K 1987382645591088423 4568345679467

L 246824683691181944555 66667777738

M 836591723759437677665 54433221199

N 91827364558183729108207456789234

O 27348556472378026775675675645766

P 63868918764382928765465435432321

Q 97543354682254668574635296645342

R 40439347368247463647586972837283

S 50161984632876428487659071151682

T 83654289664036826754698457342891

U 48654876983473896474676476473468

V 89573869010285378232818171615648

W 64286497628018365283607788991122

X 48295163837846752866337744885599

Y 6248274638961984832845591826 4379

第四章

学生的实践力教育培养

1. 什么叫实践力

实践力是人类在实践过程中解决现实问题的能力。

实践是人类自觉自我的一切行为。内在意识本体与生命本体的矛盾是推动人类自我解放的根本矛盾，其外在化为人类个体及组织、阶级通过生产关系联系的整体对于自然及个体间或者集体关系、阶级关系形成的解放活动。实践只有在自觉的意识下才是人性的、人格的。自觉是人类自我解放的一般规律，是自我意识的必然。自发是无意识的自然活动，其是人基础于自然进化的基础所具有的属性。

人类基本的实践矛盾就在于内在的自我本质对于自我自然的发现及创新。而人类由于实践的科学化，在生产力进步的社会化中外在矛盾的实践再反作用于自我本体形成对于自我本体的实践主导。

实践是马克思主义的核心概念，实践活动是以改造世界为目的、主体与客体之间通过一定的中介发生相互作用的过程。实践矛盾产生物质及意识概念。物质与意识的认识是实践的规律性规定。实践的内在矛盾是意识本体与生命本体的自我解放必然。实践的基本主体是人，实践的基本矛盾就是人的基本矛盾，其规律就是人的运动规律。人的行为范畴就是实践的行为范畴。

2. 实践的规律和特点

实践具有自身的规律和特点，是同思维和认识相互区别和相互对立的主体行为，但是实践不能脱离思维和认识独立存在，实践需要思维产生的实践意识作指挥，思维需要认识获得的知识作基础，没有思维和认识就没有实践。实践、思维和认识是统一的整体，是前后相继、水乳交融的主体日常行为。

实践是世界和万物的创造者，没有实践就没有我们生活在其中的现实世界，就没有实践创造的城市、农村、山川、田野和万物，就没有在实践中得到生存和发展的主体，实践不仅创造出新的客体，而且创造出新的主体。

人的实践具有社会性。人是社会的主体，个人的实践同社会有着密切的关系，因此，人的实践是社会的实践、是新社会的创造者。人们能动地探索和改造现实世界的一切社会的客观物质活动。实践是人的社会的、历史的、有目的、有意识的物质感性活动，是客观过程的高级形式，是人类社会发展的普遍基础和动力。全部人类历史是由人们的实践活动构成的。人自身和人的认识都是在实践的基础上产生和发展的。

3. 实践的最基本形式

实践的最基本的形式是：

（1）改变自然，迫使自然满足人们物质生活需要的生产活动。它决定着其他一切活动。

（2）以调整和改革人与人之间社会关系为目的的活动，这种活动在阶级社会里主要表现为阶级斗争。

（3）以探索客观世界奥秘或寻觅有效实践活动方式为直接目的的科学试验活动。

除以上3种基本形式外，教育、管理、艺术等一切同客观世界相接触的人的有目的的感性活动，都是实践。实践是人的主观的、感性的活动，是主观见之于客观的能动的活动，是社会的活动，是历史的活动。科学证明，人类历史同自然历史都是客观的过程。同样，构成人类历史的实践以及实践自身的历史发展也是一个客观的过程。

4. 实践的表现形式

实践是主体的行为，是实践意识的表现形式。实践是主体发现客体对自己有所影响后，为了消除客体对自己的影响，肌肉运动组织在思维组织产生的实践意识指挥下，对影响主体生存和发展的事物、现象、环境、矛盾和问题进行处置，以实现主体生存和发展目标的行为。

处在变化运动过程中的事物、现象、环境经常会对主体提出一些要求，主体只有通过自身行为努力满足客观现实对自己的要求，不断解决自身生存和发展遇到的矛盾和问题，才能实现生存和发展的目标。

人是实践行为的主体之一。人不仅是一个思维者、一个认识者，而且还是一个实践者。人为什么要实践？人之所以要实践、要行动、要运用肌肉运动组织做事，是因为人遇到了必须通过自身实践才能解决的影响自身生存发展的矛盾和问题，是因为人已经认识到现实的客观事物和环境不能完全满足人的生存和发展需要，认识到人具有实践的能力、具有通过自身的肌肉运动组织的行动和行为解决遇到的生存矛盾和问题，实现生存发展目标的能力。认识到实践是人必选的生活方式。

实践意识是主体生来具有的生存意识和后天获得的全部知识经过思维融合产生的结果。

实践意识是主体发现自身生存遇到了现实的矛盾和问题后，思维组织通过对感知组织获得的全部知识的分析处理后产生的，是指挥主体的肌肉运动组织进行活动、消除客体对自己的影响、解决遇到的矛盾和问题、实现生存发展目标的意向、方案、路线、方法和命令。

实践意识是主体实践行为的本质、内在规定和组成部分，是主体在实践行为发生以前思维组织确立的具体形式的主体意识，它包括实践目的、实践对象、实践方案、实践方法和手段等内容。

实践是主体在神经中枢发出的命令指挥下发生、发展和结束的行为，是主体生活的担保和根据，是主体的一种可靠的生活方式。实践反映了主体的生存需要和客观现实之间的矛盾，表明了主体在面对生存挑战时所采取的积极态度。实践是主体对客体对自己的作用、刺激和影响做出的反作用。

实践的过程是主体在实践发生以前确立的实践方案的逐步展现的过程，是主体为实现生存发展的目标、执行思维组织发出的实践命令的过程，是我们认识和发现实践意识的桥梁和必经之路。现代生物学研究已经证明，肌肉运动组织的每一个细微活动，都是在神经中枢发出的电信号的命令指挥下实现的，没有神经中枢发出的命令信号的指挥，肌肉运动组织就不会发生无缘无故的运动。神经中枢产生和发出的承载着实践意识的一组电子信号，是思维组织对感知组织获得的知识进行分析处理的结果，是实践意识的物理存在形式。实践意识存在于神经中枢向有关肌肉运动组织有序发出的一组电子命令信号之中。思维组织对感知组织获得的知识进行的分析和处理，是思维组织内部发生的严格遵循自然规律的变化、运动和反应，思维的过程是我们完全可以认识的生化运动和物理运动的过程。

电子计算机具有类似人脑的思维功能。计算机的思维，计算机对经输入组织获得的电子信息知识的分析处理，是计算机内部进行的遵循我们已知的物理定律的运动。虽然计算机的思维不包含生物化学的运动和变化，比人的思维简单的多，但是两种思维产生的结果是完全相同的，人脑和电脑的思维都能产生出指挥主体行为的电子信号命令。

电脑思维的结果表现为电脑向显示器发出的将特定语言文字在显示器屏幕上显示出来的电子信号命令，人脑思维的结果表现为人脑向肌肉运动组织发出的指挥人的具体行为电子信号命令。

眨眼睛是简单的实践行为，数百万人参加的战争或经济建设是复杂的实践行为，虽然这两种实践行为的区别是明显的，但是它们具有共同的本质和组成部分，它们都包含着一个完整的实践意识，都是人脑发出的实践意识的自然展现形式，都是主体神经中枢产生和发出的一组完整的电子信号的展现形式。

5. 实践的基本发展

实践有着诸多的含义，经典的观点是主观见之于客观，包含客观对于主观的必然及主观对于客观的必然。在恩格斯的自然哲学中，揭示人的思想产生于劳动即人的主观意识产生于人的实践行为，同时人的主观意识反作用于客观存在。在马克思那其主要强调人的社会实践，强调实践的社会性。强调人的社会意识具有的生产力历史性、阶级性。但他们都是物质的，辩证的。人的主观与客观存在都是物质的。主、客观是认识论上的区别，是相对于实践的内外关系的定义。实践论是基础于唯物论及辩证法两者总体的认识。毛泽东的《实践论》强调实践的主客观矛盾发展对于认识及再实践的认识发展过程。认识上升到理论的指导作用。在当代以来强调实践的真理标准，其包含真理的发现及检验、实现，见之于客观。

人是人的客观存在。人本身是物质的，是具有特定意识体存在的客观物质。人的内在矛盾包含一对物质矛盾：

意识本体对于生命本体的物质矛盾，此一矛盾是人类内在的基本矛盾，是物质的。人内在矛盾总体同时与外在世界构成人类的发展矛盾。其同时可分个人主体的外在社会及自然矛盾与社会主体的人类内在与外在矛盾。这些矛盾总体的是人的实践！早期马克思主义者主要是社会总体矛盾的解放探索与对于自然的解放探索。当代马克思主义对现代科学及社会发展进行新的发现与探索在个人为核心的人类内在矛盾实践领域进行广泛的探索，汲取资产阶级学者的有益成果，进一步扩大研究范畴，将马克思主义的实践观点进行了全面丰富。

6. 实践力等级指数及测试

实践力指数是衡量组织和个人达成目标的行动能力的重要指标，是对人生蓝图制定能力，年度、月度和周目标进行分解能力以及每日任务的执行能力进行综合评价后得出的分值。

实践力的等级和指数

实践力等级是以个人在实现目标过程中所表现出的个人特质为基础，重点围绕个人主动行动的动力大小，掌握行动方法的多少，运用行动工具的程度来综合评价个人实践力等级。实践力指数是对实践力等级的具体量化数值，通过该指数个人可以更直观地了解其行动能力的成长变化情况。

实践力等级划分标准

根据"旗帜实践力系统"对个人实践力指数测试数值，个人行动能力可划分为四个等级：

第一，入门级（实践力指数在 30 以下）：有想法，但工作主动性差，害怕冒险，惧怕工作中所面对的困难与挫折；容易受惰性和不良风气的影响，对自己没有自信；奋斗目标不坚定，缺少行动动力。

　　第二，初级（实践力指数大于30，小于60）：敢于主动请战，承担相应的工作与职责；敢于用"尝试"的方法解决问题，不惧怕困难与挫折，对自己比较有自信；树立了相当明确的目标，并开始尝试为之努力。

　　第三，中级（实践力指数大于60，小于80）：敢于打破固有模式，敢于用新办法解决问题和新思路对原有工作创新；敢于立即采取行动，不怕失败打击；对于上级安排的工作总能按时或者提前完成；积极应对工作压力，在工作中不怕困难与挫折，敢于不断尝试；已经能有效运用行动工具，掌握一定的实现目标的具体方法。

　　第四，高级（实践力指数大于80）：具有强烈的企业家冒险精神，非常愿意通过不断尝试创造从无到有的结构；面对过程中的困难与挫折毫不畏惧，坚持走自己的路，有足够的实践力实现目标、管理目标。

实践力指数测试工具

　　测试个人实践力指数，可以明确自己实践力等级，对自己的工作与学生产生有效指导，推荐可免费下载实践力工具：旗帜实践力系统。它根据用户在"实践力系统"使用过程中所体现出的目标制定、计划分解、时间管理、学习提升、任务执行、总结分析等各项能力指标进行综合评价后得出值，可对个人实践力具体量化，通过该指数个人可以更直观地了解其行动能力的成长变化情况，是衡量组织和个人达成目标的行动能力的重要指标。

7. 实践力的重要作用

　　在生活当中，很多人喜欢胡思乱想——尤其喜欢负面思考，因为想太多于是把所有的困难都想出来了。其实人的所有困难和不快乐，可能都是想出来的。特别是喜欢胡思乱想、担忧以及烦恼的人；想得再多，都不如采取一个行动来得简单又有用。

所以，我们要大胆假设、小心求证，经过再三评估，然后就去行动。

比如学校里面，许多小朋友原本就最喜欢实验课了，因为可以自己亲自动手；家庭互动中，妈妈也可以在每天做家务的过程中，邀请小朋友一起来，一边聊天、一边劳动，把它变成一项快乐的家庭活动。父母老师便可以如此带领小朋友在生活里面，学习如何采取行动，在行动的过程当中学习成长。

又比如运用在人与人的沟通方面，有时人与人之间的相处，我们会在心里一直猜测对方的心意，猜他为什么不理我、他今天为什么对我脸色不好、他看到我为什么没跟我打招呼……常常我们都在心里面不断担心和揣测；此时，最佳的方式或许就是走过去，明白地问他：为什么你今天对我的表情特别不友善？可能对方就会告诉你，其实你误会了，因为我正在烦恼我爸妈的健康呢。另外，我们也发现，许多父母遇到问题都不敢直接跟小朋友谈，好像怕他会生气或难过，还会担心两个人到时会说不上话。建议大家，不论是亲子问题或一般的人际之间，尽可能都要直接沟通，因为直接沟通就是采取行动——行动才是最有力量的，尤其如果能够做到"贯彻到底"就最好了。

举个例子，以前有两个和尚，一个富和尚、一个穷和尚，这两个和尚都有一个理想，要到南海去拜佛；然后，富和尚心里想：哎呀，要到南海这么遥远呢，我还是多存一点钱吧，等到准备万全时再上路吧！但穷和尚心里想：反正我也没多少钱，再存也存不了多少，不如就先上路再说；这一路也许化缘、也许寄宿，一路想办法应该就能够到达南海吧！结果如何，各位猜到了吗？是的，三年过后那个穷和尚已经拜完南海观音菩萨回来了，而那个富和尚还在原地存钱呢！

所以说，许多事情想太多反而没有用。再打个比喻，就像有一道门，你在门的后面去猜测门的另一边有什么啊？等一下会遭遇到什么？会发生什么困难？那么，到最后你可能都只在那里空想；与其空想，不如踏出那一步！踏出那一步之后，你就会知道门后面有什么了！

当然，我们也不要鲁莽行动，并且更要贯彻实践力。换言之，所谓的实践力，其实包含了"执行与贯彻"，意思是，一件事情你说到了就要把它执行到位，如果执行不到就要问问困难在哪里。不少学生做事经常是三分钟热度，一下子就没耐心了；所以，父母老师在教育他们的过程中，要经常跟他们强调实践力和落实的重要，令其了解——凡事脚踏实地的去做，踏出了第一步，就有第二步，踏出了第三步，第一百步也就指日可待了，正所谓万丈高楼平地起，愚公移山也是从实实在在去一铲接着一铲而开始的。

8. 激发实践力的方法

按照"成就动机"理论，实践力的来源最终会归结为追求快乐和逃离痛苦两个方面。

激发实践力的方法很多，但他们的基础都是共同的，那就是："明确"，因为明确就是力量。假使我们想持续地增强自己的实践力，做到以下"十大明确"是十分有必要的。

明确生活与工作的意义

你应该认真回答自己：我为什么而活着？

有的人是为了及时行乐;

有的人是为了家庭、子女;

有的人是为了活出个人样;

有的人是为了成就一番事业……

如果仅仅是为了自己的温饱,你可能不需要花太大的力气就可以满足,因此常也不会有太大的实践力。

明确自己人生的使命

人因梦想而伟大。高尔基言:目标越远大,人的实践力就越强。

有的人,他的使命是为了实现社会的自由、平等、博爱;

有的人,他的使命是为了让黑人的子女能与白人的子女在一个学校里读书;

有的人,他的使命是为了弘扬某一处文化;

有的人,他的使命是为了让 13 亿人能吃饱饭;

有的人,他的使命是为了人们购物、出行、办公等生活工作变得更方便;

有的人,他的使命是为了让每一个人都懂得如何拥有成功人生。

当然,也有人小有成就,就失去了斗志,而那也许正是因为他的梦想不够远大。

为使命而工作的人,永远不缺实践力。

扪心自问:自己人生的使命是什么?

明确为何要达成这个目标

为每一个目标写下为何要达成它的十条以上理由。其中当然包括达成它的快乐是什么?达不成时痛苦是什么?理由越多、越明确,实践力将越强。

有人曾为自己三年达成"百万富翁"的目标写下了 21 条理由。

千万不要小看这一个小小的举措，它会帮你储备无穷的实践力！

记住："为何"远比"如何"更重要。

明确地将以上这些写下来

"写下来"的含义包括：

用最明确的文字，尤其是数字描写出来。

尽量将其视觉化的文字或图像，摆放在你随时或每天都能轻易看得到地方。每天的视觉刺激会让你的潜意识"刻骨铭心"。不要太轻信用脑袋记忆，记忆的作用太有限。因为用不着多久，每天纷繁复杂的事务与信息，会将你的这点记忆冲刷得一干二净。

明确知道如何达成自己的目标

必须明确知道达成每个目标的必要条件、充分条件、辅助条件，明确地为每个目标制定计划详细到你现在就知道该去干些什么。

明确列出自己达成目标的全部制约因素

如不利条件、担忧的事、自身的缺陷、不良习惯、竞争对手等等。

明确知道现在就应该全力以赴地行动

许多条件是在"运动中"完善的。不要总是等待明天，不要等到万事俱备才开始行动。只有积极行动才会真正万事俱备。

行动的时候请保持专注，不要在胡思乱想中浪费光阴。经常带自己进入"忘我境界"。没有行动的时人常有一个特征：想得太多，而做得太少。因为做得太少，得到的也就不会太多，于是，恶性循环又给他带来更多新的困惑。

如果自己现在正迷茫，并对以上各项都不太明确，那请明确地把眼前手头上的事情全力以赴做到最好。

先将眼前的事情做好，至少可以帮助你拥有更大的优势去获得未来的机会。

在前进中思考，不要停下来叹息。

9. 大学生实践力的培养

实践是衔接大学生在校学习的知识和走出校园运用知识不可缺少的途径，人的认识水平升华和动手能力的提高也离不开实践活动。培养提高大学生的实践能力，是高校开展素质教育、深化教育教学改革、大力提高教育质量的中心环节。因此，培养提高大学生的实践能力，对当代大学生自身、对高校、对社会有着十分重大的理论和现实意义。

提高大学生实践能力的必要性

第一，大学生就业压力剧增，社会需要复合型人才。首先，大学生毕业人数继续增加，竞争依然激烈。仅2010年全国大学生毕业人数就在700万以上。但是，毕业人数的增加并不意味着就业机会的增加。相反，很多企事业单位受金融危机的影响，裁员减支，造成了岗位的减少。而可供大学生选择的岗位更加减少，导致待业大学生的人数不断积累，这样造成了恶性循环，就业问题会更加严重。

其次，随着现代科学技术的迅猛发展，人类社会正在由学历社会向能力社会发展，社会上的用人观念也在转变。用人单位在招聘人才时，不仅要看求职者的文凭和学历，而且要看其能力，看其是否有真才实学，正所谓"纸上得来终觉浅，绝知此事要躬行"。更有用人单位在招聘时都明确指明需要有社会工作经验的人才，拒绝应届毕业大学生。这更说明了社会对综合实践能力的重视和大学生实践能力不足。所以，提高大学生实践能力对解决大学生就业问题是十分必要的。

第二，国家非常关注大学生实践能力的提高问题。我国和谐社会的发展离不了教育，早在党的十六届六中全会通过的《中共中央关于构建社会主义和谐社会若干重大问题的决定》中指出的"保持高等院校招生合理增长，要注重增强学生的实践能力、创造能力、就业能力和创业能力的必然要求；是落实科学发展观、促进高等教育协调发展的需要；是培养高素质人才、提高自主创新能力、建设创新型国家的需要。"科学发展观的核心是以人为本，要求实现人的全面发展。而从高校来看，则是要始终坚持以学生为本，从人本关怀的角度出发，根据当前大学生面临的亟待解决的就业、升学等问题，千方百计提升大学生群体的综合素质和实践能力，帮助他们更好地适应未来社会对人才提出的高标准要求。在国家创建和谐社会、发展科学发展的重要阶段，提高大学生实践能力有利于学生自身的发展，有利于学校培养更加可靠的创新型人才，有利于社会的稳定、高速发展。所以，提高大学生实践能力成为了我国开展教育事业、培养人才的又一新战略。

第三，大学教育缺乏对实践能力的培养。大学毕业生就业的困难可以与此问题相联系，社会普遍对大学生的动手能力、社交能力等综合能力持怀疑态度。这必然与传统大学教育的弊端分不开。传统大学教育中的课程设置、教学方法等问题常导致培养的人才不能适应社会的需要，存在着课程结构过于强调学科本位、科目过多和缺乏整合的现状。很多大学课程繁重，对学生知识的掌握程度要求过高，学生整日埋头于课本理论知识的研究，很难真正联系到实际，更无法发挥自主想象力将所学知识拔高到运用知识解决问题的高度。目前，在校大学生中普遍存在着考试得高分，但是无法想象到知识运用到何处，更不知道将来在工作上如何发挥。有些学生抱着在学校学知识，获取毕业证书，拿到就业敲门砖，等到了工作岗位上，再学习怎么运用知识的思想。这样必然严重影响毕业大学生的真实水平，也更增加了用人单位对大学生的怀疑。所以，提高大学生实践能力可以让大学生更好的认识知识、掌握知识、运用知识。一种综合式的教育模式势在必行。

第四，在校学生已认识到实践能力对自己的重要性。很多高校学生主动联系有实践机会的单位，参与社会实践活动，了解社会的同时了解自己的不足。各个高校也通过与企业合作，为学生提供实习机会，调动学生实践的积极性。而面对当前的就业压力，大学生也在不断提高自身能力，使自己适应社会的发展。很多在校学生通过在外兼职，参加学生会等方式锻炼自己，或者通过参加暑期实践活动、参观企事业单位等了解就业形势。可见，部分大学生从主观上希望提高实践能力，而就业的压力又从客观上推动大学生认识实践能力的作用。学生自主需要提高实践能力，学校为其提供机会理所当然。

学生实践能力培养存在的问题

大学不仅是青年学生学习科学文化知识的殿堂，而且是他们培养能力，展示才华，挖掘自身潜在价值的广阔舞台。传统的大学教育往往重视学生理论知识的传授，虽然已经开始重视实践能力的培养，但是其中存在着很多问题和漏洞。

第一，实践能力培养的机制尚不完善。高校中现有人才培养机制，重视理论教育，但是实践能力培养没有达到当今社会发展的需要。高校中为学生提供的实践机会主要有企业实习活动，参加学生会，勤工俭学，课程实验或实习，社会实践等。这些方式看似充足，但是并没有形成由点到面的统一的实践能力培养系统。

首先，学校没有帮助学生选择实践方式的机构。学生选择参加实践活动，具有一定盲目性。学生往往通过自己对自己的认识或者个人爱好参加实践活动，可能感觉自己得到了锻炼，但是由于没有充分的认识和选择实践方式，往往达不到最佳的效果。有些学生甚至因为不适应已选实践方式而主动放弃。

其次，学校支持实践活动的力度还不够。这里所说的支持是指资金、政策等多方面的。很多学校的学生会存在着资金的严重缺失问题，这导致学生工作和很多学生活动无法进行，很多有创意的学生活动更得不到发展，这间接使很多学生实践活动被抹杀。而由于时间安排问题，学生由于课程繁多，以课业为主而错过很多实践活动机会。另外，我国很多高校虽然在实践能力培养机制中说明实践能力的重要性，但是并没有在活动过程中显示出来。很多实践活动流于形式，没有真正落到实处。也就是说高校并没有做到真正重视实践能力的提高，这也间接消减了学生参加实践活动的热情。"无规矩不成方圆"，如何完善实践能力培养机制具有总的战略意义。

第二，课程设置与师资配置没有达到实践要求。众所周知，我国课程教育计划按照学生课程学习，制定人才培养计划，让学生一步一步由浅入深学习理论知识。但很多课程内容陈旧、课程结构单一、学科体系相对封闭、难以反映现代科技和社会发展的新内容、课程评价过于强调学业成绩等。例如，很多高校没有专门开设提高实践能力的课程；课程考核也缺少学生实践能力和动手能力的内容。诚然，没有理论知识是不行的。但是，不通过实践无法理解理论知识内容。高校师资配置也倾向于理论教学。很多工科院校理论教学教师足够，但在实验课程中教师人数不足，学生无法从实验学习中提高。这不仅降低了实践的效果，也间接降低了理论学习的效果。课程作为提高人才培养质量的关键，对学生发展具有重要意义。如何解决这一问题，使素质教育的实施在新时期能有一个突破性的进展，已成为十分紧迫的问题。

第三，可供选择的实习机会过少。现在越来越多的大学生主动走出校园，寻找实习和锻炼的机会，原因就在于当下很多企业在招聘员工时更青睐"熟手"，而就业形势趋紧这一大背景也成为大学生寻找实习机会的助推器。更多的实习经历，就意味着更大的求职砝码。正因为如此，大学生想要获得一个好的实习机会变得并不那么容易了，高校中可供选择的实习机会供不应求。

同时，企业提供实习机会也十分缺乏。2009年我国仅有5%左右的企业为学生提供实习机会，而这些企业大部分为三资企业，且多数集中在北京、上海等大中城市。占到全国企业总数的99%以上、吸纳75%以上从业人员的中小企业却很少对大学生开放实习机会，二级城市实习机会较少，二类三类学校学生更难找到实习机会。所以，高校与企业联合解决此类问题也迫在眉睫。

第四，大学生自身对实践活动的参与度和重视程度不够。高校存在的问题并不能掩盖学生自身的问题。虽然很多学生认识到实践的重要性，但是积极行动起来的还不够。比如，高校大多组织暑期实践活动，但是每年参与团队的人数并不理想。参与实践学生很多流于形式，重视"面子活"。有些学生甚至以旅游为目的参与实践。学校在想办法提供实践机会时，也要努力控制时间的质量。这也是需要高校与学生共同解决的问题。

提高大学生实践能力的思路

第一，完善大学生的实践培养机制，树立创新精神和实践能力为重点的素质教育观。

要改变长期以来单纯用分数评价学生的片面做法，因为它压抑了学生的创造性和实践能力培养。一是增加实践环节培养的比重。首先，提高实践培养在教学计划中的比重。大学要在努力搞好第一课堂学习的同时，根据学生的兴趣、特长并结合自己所学的专业，为学生提供自己喜欢的课余学术研究活动，力求通过第二课堂活动培养自己的科研能力和动手能力。其次，可以多为学生安排实践活动。例如，西安交通大学城市学院倡导的"四年实践不断线"安排和"实习＋就业"的新培养模式，要求学生完成每年寒暑假的校外社会调查、社会实践、专业认识实习和校内外的专业实习、毕业实习以及实训基地的"实习＋就业"等不间断实践活动，大大提高了学生的实践技能，毕业生普遍受到用人单位的好评。二是完善学生实践考核评价机制。作为学校教育，要转变陈旧的教育观念，在对学生的评价体系中，增加实践能力和创新能力的比重。很多学校奖学金评定已经开始注重实践环节，并取得了不错的效果。通过这些措施督促学生自主投身于实践。同时，也使学生改变观念，重视实践能力，为将来就业打下基础。三是完善学生实践奖励机制。学校的报销经费不足是阻碍学生实践活动的一个重要原因。学校应该加大奖励实践的力度。这种奖励并不仅是单纯的金钱，有了奖励措施，学生必将受到鼓舞，在精神和物质奖励的双重激励下，以更饱满的热情投身社会实践当中。事实上，大多数获得奖励的团队很可能将这笔奖金作为活动开支的报销，乃至下一次活动的储备经费，这其实是对学生社会实践工作实实在在的支持与鼓励。例如，西安交通大学开展的学生暑期社会实践活动，效果显著。

第二，全社会动员，共同为提高大学生实践能力努力。

大学生实践能力提高了，进行了自我升华，成为综合性的人才，对社会、国家、企事业单位的稳定和谐发展也是有重大意义的。因此，全社会应该共同努力，为大学生提高实践能力提供更多的便利。一是国家可制定政策支持学生实践。提高大学生实践能力是解决大学生质量问题、就业问题的重要方法。国家应该大力支持学校开展实践培养，为学校提供政策和资金保证。同时，鼓励社会企业为大学生提供实习机会。二是加强校企合作，鼓励企业为大学生提供更多的实习机会。社会企事业单位应该为解决大学生实习机会少问题而贡献一份力量。例如，学校和企业可以采用"实习＋就业"的一条龙联合培养新模式。企业通过大学生实习可为自己选择可用之才，等就业时直接将其签下。而学生在通过实习锻炼自己实践能力的同时，如果表现好了将来可以直接在该单位就业。这种模式既为单位选拔了人才，同时又解决了学生就业的问题。

第三，完善大学生的自我教育，师生合力，强化实践意识。

老师服务学生，学生服务社会。一切为了培养学生的创造精神和实践能力，一切为了社会需要，学生用在大学期间的所学报效国家。教师要乐于发掘并鼓励学生的实践能力，对学生进行整体上的指导。老师作为学生成长道路上的领航者，对学生选择发展方向起到了至关重要的作用。教师不仅要在课堂上调动学生实践的积极性，在生活中也要多强调实践的重要性。有必要时可以组织学生参加实践活动。而大学生已经具备了一定的独立思考的能力，在不断的自我反思和自我批评的过程中，他们也不断地认识了自我，并为自己选择方向。这在培养学生实践能力中是非常重要的。只有树立了正确的人生观，愿意成为国家社会需要的创新型人才，才能有意识的学知识，并按国家经济、技术的发展需要来调整自己的学习方向、思维方式。根据需要，选择知识的运用方式，在实践中探索，从而既提高知识水平，又提高社会需要的实践能力。这样，学生就将客观的社会需求转化为主观的内在需求，勇于实践存在于学生的主观意识中，成为了学生个体人格中的一种特质。有了勇于实践的精神，学生就会想办法解决问题。这样，立志、学习、实践就有机的结合起来了。学有特长，干有特色，每个大学生在大学阶段都养成这种勇于创新、敢于实践的精神，毕业后，就能适应社会的需要，做一个合格的创新实践型人才。

　　总之，大学生实践能力的提高是一个不断探索的过程，我们应该更新理念，积极探索适合未来社会发展需求的高素质人才培养新模式，不断提高大学生的实践能力和就业竞争力，积极迎接市场经济的挑战。

第五章

学生的创造力教育培养

1. 什么叫创造力

　　创造力是人类特有的一种综合性本领。一个人是否具有创造力，是一流人才和三流人才的分水岭。它是知识、智力、能力及优良的个性品质等复杂因素综合优化构成的。创造力是指产生新思想，发现和创造新事物的能力。它是成功地完成某种创造性活动所必需的心理品质。例如创造新概念、新理论，更新技术，发明新设备，探求新方法，创作新作品都是创造力的表现。

　　创造力是一系列连续的复杂的高水平的心理活动。它要求人的全部体力和智力的高度紧张，以及创造性思维在最高水平上进行。

　　真正的创造活动总是给社会产生有价值的成果，人类的文明史实质是创造力的实现结果。对于创造力的研究日趋受到重视，由于侧重点不同，出现两种倾向，一是不把创造力看作一种能力，而认为它是一种或多种心理过程，从而创造出新颖和有价值的东西；二是认为它不是一种过程，而是一种产物。一般认为它既是一种能力，又是一种复杂的心理过程和新颖的产物。

　　有人认为，根据创造潜能得到充分的实现判断。创造力较高的人通常有较高的智力，但智力高的人不一定具有卓越的创造力。根据西方学者研究表明，智商超过一定水平时，智力和创造力之间的区别并不明显。创造力高的人对于客观事物中存在的明显失常、矛盾和不平衡现象易产生强烈兴趣，对事物的感受性特别强，能抓住易被常人漠视的问题，推敲入微，意志坚强，比较自信，自我意识强烈，能认识和评价自己与别人的行为和特点。

　　创造力与一般能力的区别在于它的新颖性和独创性。它的主要成分是发散思维，即无定向、无约束地由已知探索未知的思维方式。按照美国心理学家吉尔福德的看法，当发散思维表现为外部行为时，就代表了个人的创造能力。

可以说，创造力就是用自己的方法创造新的、别人不知道的东西。

2. 创造力的构成

研究创造力的构成，分析创造力的构成因素，有利于加深对创造力本质的了解，对进行创造力开发具有指导作用。

知识

信息和知识是创造的基础和原材料。没有及时的、可靠的、全面的信息，不懂知识，是不会产生创造成果的。很难想象，一个对光电知识一无所知的人能发明出新型的电灯来，一个对计算机一窍不通的人能开发出新的操作系统。不了解前人的成果、眼光狭窄、知识贫乏的人是不可能做出重大科学发现和技术发明的。知识的掌握，在很大程度上决定着认识能力、解决实际问题能力的速度和质量。

在创造力构成要素中，一般知识和经验为创造提供了广泛的背景，而包括专业知识、创造学知识、特殊领域知识的专门知识，则直接影响创造力层次的高低。

智能因素

智能因素包含三种能力，一是一般智能，如观察力、注意力、记忆力、操作能力，它体现了人们检索、处理以及综合运用信息，对事物做间接、概括反映的能力；二是创造性思维能力，主要指发散思维能力，如创造性的想象能力、逻辑加工能力、思维调控能力、直觉思维能力、推理能力、灵感思维及捕捉机遇的能力等，它体现出人们在进行创造性思维时的心理活动水平，是创造力的实质和核心；三是特殊智能，指在某种专业活动中表现出来的并保证某种专业活动获得高效率的能力，如音乐能力、绘画能力、体育能力等。特殊智能可视为某些一般智能专门化的发展。

非智力因素

非智力因素包含两种因素。一是创造意识因素，指对与创造有关的信息及创造活动、方法、过程本身的综合觉察与认识。也可以简单地理解为创造的欲望，包括动机、兴趣、好奇心、求知欲、探究性、主动性、对问题的敏感性等。培养创造意识，可以激发创造动机，产生创造兴趣，增强创造欲望，提高创造热情，形成创造习惯。任何创造成果都是创造意识和创造方法的结合。从某种意义上说，一个人能做出创造性成就，创造意识要比创造方法更重要，尤其在创造的初期，因为创造意识能使人们自觉地关注问题，从而发现问题。想创造的欲望决定了创造过程的发动，任何一个人如果他不想去创造，纵然再有才能，也不可能成功。

另一种是创造精神因素，指创造过程中积极的、开放的心理状态，包括怀疑精神、冒险精神、挑战精神、献身精神、使命感、责任感、事业心、自信心、热情、勇气、意志、毅力、恒心等。创造精神也可以简单地说成是创造的胆略。在创造活动中，创造精神往往是成功的关键。

研究表明，智能因素是创造活动的操作系统，非智力因素是创造活动的动力系统。非智力因素虽然不直接介入创造活动，但它以动力作用为核心对创造活动起着极其重要的作用。

3. 创造力的行为特征

创造力的行为表现有 3 个特征：

变通性

思维能随机应变，举一反三，不易受功能固着等心理定势的干扰，因此能产生超常的构想，提出新观念。

流畅性

反应既快又多，能够在较短的时间内表达出较多的观念。

独特性

对事物具有不寻常的独特见解。

聚合思维在创造能力结构中同样具有重要作用。所谓聚合思维是指利用已有定论的原理、定律、方法，解决问题时有方向、有范围、有程序的思维方式。发散思维与聚合思维二者是统一的、相辅相成的。人们在进行创造性活动时，既需要发散思维，也需要聚合思维。任何成功的创造性都是这两种思维整合的结果。创造力与一般能力有一定的关系，研究表明，智力是创造能力发展的基本条件，智力水平过低者，不可能有很高的创造力。

另外，创造力与人格特征也有密切关系，综合多人研究的结果表明，高创造力者具有如下一些人格特征：兴趣广泛，语言流畅，具有幽默感，反应敏捷，思辨严密，善于记忆，工作效率高，从众行为少，好独立行事，自信心强，喜欢研究抽象问题，生活范围较大，社交能力强，抱负水平高，态度直率、坦白，感情开放，不拘小节，给人以浪漫印象。

也有专家认为，创造力通常包含发散性思维的几种基本能力。一是敏锐力，即觉察事物，发现缺漏、需求、不寻常及未完成部分的能力，也就是对问题的敏感度。二是流畅力，即思索许多可能的构想和回答。形容一个人"下笔如行云流水"、"意念泉涌"、"思路流畅"、"行动敏捷"等都是流畅力高的表现。三是变通力，即以各种不同的新方法去看一个问题。四是独创力,指反应的独特性,想出别人所想不来的观念,独特新颖的能力。五是精进力,在原来的构想或基本观念上再加上新观念,增加有趣的细节,和组成概念群的能力。

4. 创造力的培养

创造力是指产生新思想,发现和创造新事物的能力。它是成功地完成某种创造性活动所必需的心理品质。创造力与一般能力的区别在于它的新颖性和独创性。它的主要成分是发散思维,即无定向、无约束地由已知探索未知的思维方式。

那么,该如何培养创造力呢?

富有创造力的灵感只赋予那些勤于钻研的人

灵感的出现是在解决问题而又百思不得其解时,由于受到某种因素的启发,出现"顿悟",使问题忽然迎刃而解。有人把灵感看成"天赐",其实,"天才出于勤奋"。灵感是创造力的一个要素,而灵感的出现需要有深厚的知识功底。人们运用这些知识时,其中潜伏着的智力因素便又表现出来,可以解决更为广泛的问题。譬如,一块大石头挡住去路,有的人马上想到用撬棍把大石头搬走。在另一种场合,如汽车陷入泥土里,同样想到了撬棍,甚至由此发明了新式起重机。

创造力来自不懈地追求创新的欲望

没有很强的创造欲望,创造活动便不能进行。美国的电话发明家贝尔,少年时代智力表现平平,而且贪玩,但后来受到祖父的影响,唤起了强烈的求知欲,并对发明创造产生浓厚的兴趣,从而在少年时代便设计了一种比较轻快的水磨。这说明,创新的欲望与对创造的不懈追求是创造成功的重要条件。

顽强的意志是发挥创造力最宝贵的品格

在任何领域里，要想获得成功，没有良好的意志品质与拼搏精神是不可能的。歌德说过："没有勇气一切都完了。"良好的意志品质不仅表现为坚持到底的顽强毅力，还表现在辨明方向、看清利弊之后的当机立断，能排除各种干扰，在挫折面前不回头，成绩面前不忘乎所以。

虚心好学使创造力更丰盈

虚心好学，不断充实自己，才能超越自我的浅薄。你可根据自己设定的目标，准确地学习内容，能从所学的内容中推演出新观念，并在与别人交谈或日常生活中获得灵感和启发。

不拘泥于传统的观念，敢于标新立异

创造力活动本身就是一种对原来框架的突破与发展，否则便不成其为创造。对大多数人来说，由于传统文化观念的束缚，很容易产生一种思想惰性，对他人超乎常规的想法和作法又往往多加指责。要想做出成绩，重要的是要有打破定势、标新立异的思想品格。

5．创造力的发掘

拥有创造力即意味着放松身心，进入自己内心的这一境界之中，运用所谓的"无穷的智慧"。这是我们每个人都拥有的天赋，它有待于你去发掘。我们每个人都是拥有才华的生命个体，因为我们都能够汲取相同的无尽之源。我们都天生被赋予了这样的厚礼。

从创造力出发时，我们拥有的是一片丰裕的土壤，不存在任何束缚。只有当我们从竞争的角度考虑时，限制和短缺才会被考虑进来。

所谓"更有创造性"是一种不恰当的说法。你本身就是一个具有

创造性的个体。然而，你可以通过实践，使自己变得更加娴熟，或者更深入的理解围绕在你身边的创造能量，这种能量，是你在任何时候都可以无限汲取的。

处于放松状态

用点时间，做令自己感到愉快的、能够带来欢乐的、你热爱的或能够使自己全身投入的事情。比如沉思、散步、游泳、阅读令人心情愉快的文字，或者记日记——写下你的想法（这会相当有帮助！）。

拥有爱心

想一想，什么赋予你积极向上、源源不断的能量与活力，从而使你心怀感激？当感受到对生命中得到的美妙祝福与馈赠，你的心中便有了爱，你会很快感到心灵的释然，内心感到朦胧的温暖。在这感受到温暖和爱意的时刻，你的心向创造力量敞开了大门。

激发你的想象力

想象力是高度视觉化的。练习在闭上双眼的情况下，想象面前看到的栩栩如生的画面，是一种很有帮助的方法。

尝试这一方法。闭上双眼，想象自己在一个场景里，任何一个场景都可以。好的，选个你认为理想的场景，尝试想象你看到的这一场景中的细节。去注意各种色彩、质地，去触摸。它们摸起来是什么感觉？你听到了什么？闻到了什么？温度感觉是怎样的？等等。

专注于此刻

每一位杰出的音乐家或艺术家都会告诉你，当他们在创造伟大的音乐或艺术品的时候，他们的头脑中没有任何杂念，他们完全沉浸在此刻的创作之中，感受意识的流动。运动员们把这个称作"现场感"。你可以通过对你此刻做的任何事情（不管是在吃饭、洗碗、整理床铺，还是别的什么）倾注全部的注意力，来尝试练习仅把全部意识集中在当前时刻的能力。沉思可以起到很大帮助。

启发灵感

试着去想象打动你的美好事物。翻阅含有能够激发人思维的图片的书籍，参观美术馆，读启发人灵感的文字，与能够使你冷静的人交谈。

随便画一幅图画

这也许听起来有些可笑，但确实是发掘自身创造力的有效方法之一。画图促使你从不同的角度观察事物。

寻找替代方案

试着问自己，如何以不同的方式完成同一件事情。当你看到了一个问题的解决方案之后，再问一问自己："有什么其他方式做这件事呢?"心理上建立起这样的一种态度，"总有另一种方法"，即便其他方法看起来似乎"不可行"时，也要如此。

保持开放的心态

不要将任何你想到的点子拒之门外，不要轻易对它们作出判决。重视每一个从你的大脑里冒出来的主意，哪怕是那些看起来"愚蠢"或"显而易见"的想法。这个方法能够催生更多有创造性的想法从你的心中浮现出来。

把思考过程记录下来

用一叠活页纸或者电脑，记下思考中你的大脑里冒出的一切：随意的词语、短语、主意、想法……有时，你也许会想要把一些元素圈在一起或在它们之间画线，来将不同的主意联系在一起。当灵感闪现时，一定要跟住它。这时如果你突然想到了另一个主意，先把它简略的记在同一张纸或另一张空白的纸上，也可以打在电脑上。有时候一开始它们还显得很蹩脚，但是一旦你进入了"思维流"里面，一篇文章就开始逐渐在你的眼前现出雏形。

6. 开发孩子创造力的方法

想帮助孩子最大程度地发展他们独特的天赋和才能,有没有一种思维方法可以让孩子终生受益?下面这些方法的奇特之处就在于,它们不仅能极大地开启孩子的创造力,而且是帮助孩子建立起灵活有效的个性化学习体系的实用方案。

不要急于回答孩子的问题

孩子的脑袋里总是藏满了问题,当他们皱着眉头,一脸急切地来问"为什么"时,我们自然的反应就是尽力给他们答案。提供答案固然可以增加孩子的知识量,但是如果孩子总在被动地接受这些彼此孤立的知识,思维能力很难得到提高。如果换一种对答方式:"为什么?""你认为呢?""你怎么想到的?""那样又会怎么样呢?"能帮助孩子探索得更多。

另外,孩子在思考这些问题时需要回想以前的经验进行推理,这能帮助他们提高独立思考的能力和学习能力。尝试一下:找到孩子感兴趣的话题,忍住告诉孩子答案的冲动,在孩子的"为什么"之后,随即把问题反问回来:"这真是个好主意,你觉得呢?"你会发现,这种启发式的反问使孩子的小脑瓜开始运转起来,他完全被他自己提出的问题所吸引,饶有兴趣地跟你讨论,甚至在讨论结束后兴致仍然高涨。这种鼓励思考的对答一般在孩子 2 ~ 3 岁时即可进行。你要做的是,根据孩子的理解水平来调整提问的深度,在愉快的对话中,指导孩子从已有的经验中得到新的主意。

引导孩子"异想天开"

这个训练就是让孩子张开想象的双翼,自由翱翔。童年是充满幻想的时期。在我们看来，孩子的想象也许有些可笑和不切实际，但一旦他们可以"异想天开"，不按部就班地人云亦云，可贵的创造性思维模式就开始形成。

用新眼光看平常事

如果说 4 是 8 的一半，通常人们会回答说："是。"如果接着再问："0 是 8 的一半，对吗？"经过一段思考的时间后，大多数人才同意这一说法（8 是由两个 0 上下相叠而成的）。这时如果再问："3 是 8 的一半，是吗？"人们很快就会看到将 8 竖着分为两半，则是两个 3。

摆脱固有的思维模式是创造性思维的起点。当我们学会转换思维的角度，就会更好地看到问题情境之间的关系，才能更有效地发现创造性地问题解决之道。让孩子用新的眼光来重新认识身边一些习以为常的事物，是培养创造性思维的基础。孩子一旦习惯于这种思维过程，当再次遇到不熟悉的问题时，他就会想到用不同的思维方式来为自己遇到的新挑战、新情景或新问题找到解决方案。

不断地发出疑问

创造性思维的另一个特征是对已知不断发出疑问：真的还是假的？从而寻求新的可能性。如果孩子习惯于批判性地深入思考问题，那么他们的思路就会更开阔、灵活。当孩子对问题给出了他们自己的看法后，再让他们说出并支持与之对立的观点，可以使他们意识到不同的思维模式。在下面的活动中，孩子将学会如何这么做。

培养孩子的自信心

自信是孩子不断进步的前提。有了自信，孩子就会变得勇敢，甘愿冒险。而当你对孩子说"不"时，可能阻止了孩子很了不起的主意。这会让孩子沮丧，让他觉得自己很笨，越来越自卑。无论在任何时候，都要鼓励、赞扬孩子，避免让"不"束缚、限制住孩子的创造力。同时也要引导孩子对各种可能性的事说"是",说"为什么不",而不是"我不能"。然后集中精力对自己的想法进行验证。伟大的创造往往就是这样诞生的。

多进行逆向思维训练

善于创造性思维的人经常尝试用与常人相反的方式进行思考,这就是逆向思维。逆向思维能够打破条条框框,在别人认为不可能的地方和别人没有注意到的地方有所发现、有所建树。有人落水,常规的思维模式是救人离水,而司马光灵机一动,用石头把缸砸破,让水从破缸中流出,从而救起了小伙伴,就是运用了逆向思维。

逆向思维可以解脱大脑中固有模式的束缚,在你需要创造出一些你无法描绘、或者无法见到的事物时,帮助你拓宽思路,充分发挥自己的创造力和想象力。

开启孩子的感知世界

孩子只有在他们自己支配和主宰的环境中,创造的火苗才能被激发出来,所以,我们要尽量提供给他们看、摸、尝试、学习,及自我表现和动手操作等多种机会。这会大大开启他以前没有尝试过的想法与念头,也是提升孩子创造力的一个关键。为了给孩子提供这样的机会,我们的责任是:给孩子提供一个不受时间、空间和材料限制的,有挑战性、有吸引力的环境。所有活动的选择都要与孩子特定的年龄和发展阶段相适应。对孩子来说,最好的活动是操作性和开放性的,重要的是过程而不是结果。

7. 提高创造力的技巧

凡事质疑

对任何事情都提出疑问,这是许多新事物新观念产生的开端,也是培养创造力最基本的方法之一。

第一，独立思考。在我们头脑中各种理论知识，大多是来自老师或权威，极少是我们自己独立思考的；那些老师和权威又来自何方呢？也是来自他们的老师和权威，代代相传，经过许多歪曲和谬误。如果我们以为自己的经验就完全正确，那就错了，那些来自我们自己经验的知识同样是靠不住的，因为经验也会欺骗我们。例如：一座六角形的塔，从远处看来似乎是圆形的；温度相同的两桶水，如果你的两只手的温度不同，分别放进两只桶内，你会感到水的温度不一样。因此，人类的感觉经验并不完全可靠。当我们真正发现世界上的每一样知识都不值得信赖，统统要打一个大大的问号时，我们才能使自己"净空"，并借由不断质疑而产生创新思维。佛陀就是一个能将自己净空，而能符合缘起思维的觉者。

第二，敢予否认前人。学习的过程不单单只是一个接受的过程，还要不断地创新。如果把前人的说法全盘拷贝下来，那会有什么用呢？如果对于自己所学的知识完全不加以怀疑，全盘接受，不提出疑问，那么，实际上并没有真正懂得这门知识，自然也不可能把这门知识运用到生活中。当我们能够提出疑问，提出怀疑，就说明我们对这件事情有了自己独立思维，有位科学家曾说：提出问题比解决问题更重要。我们首先要怀疑，才能够提出问题，也才能够发现新的观念。

第三，质疑日常习惯。我们常常会把某些习惯视为理所当然，殊不知许多偏见就是这样形成的。例如某件事情在我们生下来时就已经存在，我们自然会把它纳为生活的一部分。如果英国没有王室，难道英国人会在投票时，会把设立王室例入其中吗？要避免习以为常、不加深思，并养成凡事多思考，认识自己也认识别人的习惯，需要"凡事质疑"，而创新思维的关键亦在于此。

第四，寻找人生的答案。你是谁？你从哪里来？你来干什么？你往哪里去？答案并不重要，重要的是思考本身。你不需要准确的回答，能够思索这些问题就够了。提出人生疑问最重要。答案得自己去寻找，自己回答自己，并激励着自己。

扩张思考广度

在日常生活中我们经常会发现，某些人在思维过程中范围很大，能够海阔天空地联想；而有些人则缺少思维的广度，往往只能在某个问题里绕圈子，思路总是打不开。从创新的角度来说，思维的广度是不可少的。

第一，掌握万物之间的联系。所谓思维的广度，就是指当头脑在思考一个事物、观念或者问题的过程中，能够在多大范围内联想起别的事物、观念和问题，以及联想的数量有多少。

从思维的范围方面来说，当我们确定了一个思维的对象，就要围绕着这个对象思考；包括了解这个对象和哪些因素有联系。它绝不会单独地存在着。所以我们在思维过程中，必须要破除各种思维模式，要用更宽广的角度、视野看问题；这样才能更有效达到创新思维的目标。例如说，把气象预测纳入弘法的思维范围，借由观天气，提升弘法的契机度。

第二，扩大观察范围。由于受到各种思维模式的影响，人们对于司空见惯的事情其实并不真正了解。只有当我们换一个角度，而且往往是强迫自己换一个角度来观察时，才可能发现更多奇妙的事物，也才能发觉自己原先思考的范围很狭窄。

也许有人会认为，观察和思维某一个对象，就应该全力集中在这一个对象身上，不应该扩大观察和思维的范围，以免分散注意力。而实际情况并非如此；科学研究证实，光、声、味、嗅等感觉，对于创新思维有促进的作用。人们发现，当儿童在回答创意测验题时，喜欢用眼睛扫视四周，试图找到某种线索。线索丰富的环境能够给被试者许多良好的思维刺激，使他获得较高的分数。科学家曾进行过这样一次测试，首先把一群人关进一所无光、无声的室内，使他们的感官不能充分发挥作用。然后再对他们进行创新思维的测试，结果，这些人的得分比其他人要低很多。

第三，破除思维障碍。扩展思维的广度，也就意味着思维在数量上的增加，像增加可供思维的对象，或者找出一个问题的各种答案等等。当思考的数量愈多，可供挑选的范围也就越大，其中产生好创意的可能性也就越大。例如：扩展一种事物的用途，便可产生一项新创意，比如，木鱼的最早发明是用来调节诵经时的速度，后来在唱颂佛曲时，也使用木鱼来充当乐器。

第四，强制式思维扩充。采取某种不合常规的方法，强制自己的头脑转换思维方向，也是创新思维的有效方法。例如，把打算创新的事物与某些和它并不相同的属性联结起来，然后再思索二者之间的关系，从中找出新的方向。强制式扩充思维法就是强迫自己的头脑抛开原先的思维模式，走出一条思维新路。

第五，鼓励标新立异。在日本小学美术课堂上，日本的老师教孩子们怎样画苹果，教师发现有个孩子画的是方苹果，于是就耐心询问："苹果都是圆形的，你为什么画成方形的呢？"孩子回答说："我在家里看见爸爸把苹果放在桌上，不小心，苹果滚到地上摔坏了，我想如果苹果是方形的，该多好呀！"老师赞美说："你真会动脑筋，祝你能早日培育出方苹果。"把苹果画成方形，显然脱离了实际，但那位日本老师却仍循循善诱，引导孩子说出自己的想法与创意，并给予认同，这种教育方式真令人敬佩。

扩充思维就意味着标新立异，其中难免会有幼稚和犯错。但是如果我们总是懒于尝试，自然会导致思维逐渐封闭。

扩张思考的宽度

世界知名的思维训练专家德波诺曾用"挖井"作比喻，说明了"垂直思维"和"横向思维"两种不同方法的关系。德波诺说，垂直思维是从单一的概念出发，并沿着这个概念一直前进，直到找出最佳的方案或办法。但是，万一起点选错了，以致找不到最佳方案的话，问题就麻烦了。这正像开挖一口水井，费了很大的力气，挖了很深，但仍不见出水，怎么办呢？对于大部分人来说，放弃太可惜了，于是只有继续把这口井挖得更深更大。如果更深更大之后仍不见水，人会由于已经投入了如此多的时间和精力，更加不愿意放弃，一方面感觉到越来越失望，同时也感觉到希望越来越大。这就是典型的"垂直型思维"。

而"横向思维"则要求我们，首先从各种不同的角度思索问题，然后再确定并找出最佳的解决方案。在"挖井"这个例子中，横向思维要求我们，首先要确定井的正确位置，一旦发现位置错了而不出水的时候，就应该果断放弃，另寻新址，不可贪恋那口尽管已挖了半截、但却位置错误的枯井。

第一，广泛涉猎多个领域。如果只注意一个问题领域，这往往会阻碍我们发现更新鲜、更充分、更漂亮的材料，因为思维的惯性很容易使我们在一个特定的问题领域中作循环思索。这种时候，就需要跳出来，看一看其他领域，或从别的地方寻找一些材料来启发自己。

第二，结合不相关的元素。把各种或不相关的元素放在一起，也是一种横向思维，如此也能获得对问题的不同创见。例如：当工作正需要某位组员处理时，你却到处找不到此人，因此你会想，如果有什么设备可以用来既给组员个人自由，而同时又使他不致离开工作岗位，这岂不一举两得？当你尽力寻求问题答案，可采用以下具体步骤：

①先列举出十种具体物体。

②依次考虑每一物体，将其分解为可描述的特性（结构、基本原理、特别的观念）。

③分别分析每一物体的每一特性，以寻求刺激的可持续进行，直到所有物体及其所有特性都经过研究为止。

④对解决方案加以研究，并选择那些最有可能解决问题的方案，再加分析。

第三，交叉孕育创意。横向思维还可以解释为，把两个或多个并列的事物交叉起来思考，再把二者的特点结合在一起，使其成为一个新事物。最便捷的办法是找某一领域的专家，并向他提出这样的问题：如果让他用其他领域的知识或技术来解决问题，他会采取怎样的方法？

第四，提高思维速度。经常进行横向思维训练能够提高思维的速度。创新思维是需要讲求效率的，在不少情况下，我们必须在限定的时间内想出对策和计划；如果超出了限定的时间，我们就有可能遭受某种损失。有的时候，某种绝妙的点子，也只能在特定的时间内施行才能取得良好的效果：超出时间范围，好点子也有可能会变得毫无价值。

第五，思维的横向与纵向。在实际的思维过程中，人们经常是交替使用"横向"和"纵向"两种思考方式的。思维速度敏捷的人，经常能表现出良好的"临场应急"的能力。这种能力在社交场合很有用处，它不但可以让我们摆脱尴尬的境地，甚至迅速反击某些人的恶意攻击。

右脑思考法

人的左脑、右脑各具有不同的功能；右脑主要负责直觉和创造力，也可称为专管形象思维，判别方位等，左脑主要负责语言和计算能力，也称为专管逻辑思维。一般多认为，左脑较为人所利用，而右脑功能普遍得不到充分发挥。所以，从创新思维的角度来说，开发右脑功能的意义是十分重大的。因为右脑活跃有助于破除各种各样的思维模式，提高想象力和形象思维能力。

第一，多运用右脑。若想多用右脑，可以以下的方法训练右脑：

①经常考虑怎样对事物进行改良或改造，或进行能看得见的发明或者看不见的发明。

②多做感性方面的活动，培养趣味，如音乐、拍照等。

③确立人生的生存意义，树立个人的奋斗目标，并得到兴奋感和成功感。

④摄取对右脑有益的食物（蛋白质等），学习使用机器和器械等。

⑤智力练习和活动可直接影响右脑。这类练习和活动不同于一般的智力测验，主要在发挥想像力。例如请你回答"木头有何用处?"而你只列举木头的一般用途，显然想象力不够。

此外，开发右脑的方法还有：跳舞、美术、欣赏音乐、种植花草、手工技艺、烹调、缝纫等。既利用左脑，又运用了右脑。如每天练半小时以上的健身操，打乒乓球、羽毛球等，特别需要多让左手、左腿多活动（左脑控制身体的右侧，右脑控制身体的左侧）。

第二，左侧体操。日本人设计出一种可增强右脑功能的"左侧体操"。它的理论依据是，左右侧的活动与发展通常是不平衡的，往往右侧活动多于左侧活动，因此有必要加强左侧体操活动，以促进右脑功能。

此外，在日常生活中尽可能多使用身体的左侧，也是很重要的。身体左侧多活动，右侧大脑就会发达。右侧大脑的功能增强，人的灵感、想象力就会增加。例如在使用小刀和剪子的时候总用左手，拍照时用左眼，打电话时用左耳。

还有手指刺激法。手能使脑得到刺激发展，使它更加聪明，又说："儿童的智慧在手指头上。"许多人让儿童从小练弹琴、打字、珠算等，这样双手的协调运动，会把大脑皮层中相应的神经细胞活力激发起来。

第三，离题遐想。右脑思考的特点是形象和想象，因此在研究问题中需要创新思维时，应该随时进行各种类型的"离题遐想"。

选择什么样的离题遐想，要考虑解决问题所要求的特性，同时也要考虑准备冒的风险及正在使用的材料类型。美国学者将离题遐想分成了两种类型的离题。一种是"臆想性的或幻想性的离想"，另一种是"例证离题"。"臆想性离题"是最不正统的一种离题方式。它对思想保守的人来说具有潜在的困难。不过它往往会产生戏剧性作用。尤其当人们原本并未抱什么希望，但它却确实激发出最具创新性的思想。

对于幻想式离题或臆想性离题而言，以下介绍并说明它的训练方法。

请每位参加者想像一幅图或讲述一个想象的故事。首先由一个人先开始，后每位小组成员都必须为故事加上一段情节。他们可随时加塞进来。在这个过程中，所添加的情节越丰富多彩、稀奇古怪、荒诞不经、充满异国情调，故事会越精彩。如有可能，应尽量使故事有一定的连贯性，这样会有助于发挥更好地想象力。每个人尽力为故事增加一分钟的长度，至于，何时转变话题则由领导者决定。

如果故事在某一特殊情节的细节上停顿下来，领导者可以请一位成员杜撰某种让人吃惊的事件。反之，如果想象力没有得到充分的发挥，那么领导者就该让大家集中于某一剧情。他可以要求参加者讲述更加细致的情节。故事的讲述者如果使意象转移过快，就容易造成情节不充分的现象。也许人们会对在大众面前创造心智意象感到紧张，他们也可能担心自己对故事的贡献能力。然而，无论如何激发想象力是最具启发右脑能力的一种训练。

当每位成员都至少有一次机会为故事贡献情节后，领导者要请大家在大脑将故事情节重温一番，并尽可能想出一些真正荒唐或不切实的解决办法。然后将荒谬的想法写下来。

透过离题训练，在一般情况下，人会开始期望回到真实的世界，或回到最初的问题上来，当然，是逐步回归主题的。

领导者需和大家一起来检查分析，并了解在这些荒谬的方案中，是否有任何对他们来说颇具吸引力、或奇妙古怪、或甚为有趣味的想法。领导者要请小组成员审核与选定的这些荒谬办法、并尽力寻求将其转化为更切实可行和接近实际的方法。

由于"离题"，头脑放松了，各种荒谬想法也出现了，所以再回过头来研究刚才遇到的现实问题，也许就能很快得到创新的答案。

第四，走进想象的世界。人往往是现实的奴隶，忙于应付现实世界的一切，而将自己的想象世界抛到九霄云外。改变你的行动或生活的最有效的方法便是打开你的想象之门，它会像一台发动机一样操纵着你行动，产生令你吃惊的效果。作为创造行为，它可以构成思维形象，然后对你发号施令，使你不得不去服从。经常想象自己杀人的人也许真会成为罪犯，而想象当总统的人更少也可以做一个里长吧，关键问题是你是否服从自己的想象力。

每天早晨起床前，请你张开四肢，放松全身肌肉，然后想象一下你今天要做的事，就像看电影似的，如果在你的想象中，你做了什么蠢事，那么就在想象中改正它，直到你看到你这一天做得非常出色为止。晚上睡觉前也这样做一次，首先在想象中检阅一下白天的工作与想象之中的差别有多大，再想象第二天你会做得更好，这样日复一日地练习下去，你会发现，想象力使你进步很多。

灵感思考法

很多人都有这样的经验：当面对一个难题时，即使费了很大精力、思索枯肠也没有想出解决的办法，但是当你吃饭举起筷子的一瞬间却想到了一个绝妙的主意，这就是灵感。

第一，引发自己的直觉。思维灵感与人的直觉是密不可分的，直觉是人的先天能力，也往往是创意的源泉。很多人靠直觉处理事情。任何时候，人都会有预感，只是看你信任它与否。绝大部分有创意的人都懂得直觉的重要性，他们在处理一些有矛盾的地方，经常会凭直觉下结论。看起来虽然有点神秘，但其实却正是创造力经由直觉发挥作用的最佳时机。

直觉较强的人具有以下几个特点：

①相信有超感应这回事；

②曾有过事前预测到将会发生什么事的经验；

③碰到重大问题，内心会有强烈的触动；

④所做成的事都是凭感觉做的；

⑤早在别人发现问题前就觉得有问题存在；

⑥也许有心灵感应的事；

⑦曾梦到问题的解决办法；

⑧总是很幸运地完成看似不可能的事；

⑨当大家都在支持一个观念时，却依然持反对意见而又说不清楚为什么如此的人，是相信直觉能力的人。

第二，什么时候灵感容易出现？科学研究发现，人脑每分钟可接受六千万个信息，其中二千四百万个来自视觉，三百万个来自触觉，六百万个来自听、嗅、味觉。有不少发明家发现到人在夜晚睡前或刚醒的时候灵感最多。因为在夜里，当人闭目沉思，几乎完全避免了来自视觉的讯息对大脑思维活动的干扰刺激，而静卧在床上触觉讯息对思维的干扰亦降低到最低程度。这都十分有利于大脑发挥思维潜力，使人对问题的思考更易于突破。如果再加上偶然和特殊因素激发，还有可能使大脑潜力超常发挥，即可产生"灵感"。

其次，人躺着时，由于大脑血液状况明显地得到了改善，这也为大脑活动提供了最佳的营养保证。

互动思考法

在一个创新团体中，思维互动是相当重要的，当其中一个人的头脑活跃起来并提出新想法的时候，就会对别人的头脑产生激发作用，使得大家的头脑都活跃起来。脑激荡就是一种集体创造力思考法，这是由美国企业家、发明家奥斯本首创，它也是目前在世界上被应用最广泛、最普及的集体智力激励方法。脑激荡法，原意为用脑力激荡某一问题，系指一组人员透过开会方式就某一特定问题提出献策，群策群力，解决问题。这种方法的特点是：克服心理障碍，思维自由奔放，打破常规，激发创造力的思维活动，获得新观念，并创造力地解决问题。

第一，藉互动以激发创意。脑激荡法何以能激发创造思维？根据奥斯本本人及研究者的看法，主要有以下几点理由：

①联想反应。联想是产生新观念的基本过程。在集体讨论问题的过程中，每提出一个新观念，都能引发他人的联想。相继提出一连串的新观念，为解决问题提供了更多的可能性。

②热情感染。在不受任何限制的情况下，人人争先恐后，竞相发言，不断地脑力激荡，力求有独到见解或新奇观念。根据心理学的原理，人类都有争强好胜的心理，在有竞争意识的情况下，人的心理活动效率可增加50%或更多。

③个人欲望。在集体讨论解决问题过程中，个人的欲望与自由不受任何干预和控制，是非常重要的。采用脑激荡法有一项原则，不得批评他人的发言，甚至不许有任何怀疑的表情、动作、神色。如此才能使每个人愿意畅所欲言，提出许多的新观念。

第二，脑激荡法的运行程序。其程序应分为：准备、热身、确认问题、讨论、做结论五个阶段。下面分别介绍：

①准备。此阶段主要是：一是选择理想的主持人，主持人应熟悉此技巧。二是由主持人和提出问题者一起详细分析所要解决的问题。此方法不宜解决包含因素过多的复杂问题，只宜解决比较单一且目标明确的问题。三是确定参加人选，一般以五至十人为宜，且保证大多数为精通该问题或具有某一方面专长的人，凡可能涉及的领域，都要有擅长的人参加。此外，还要有两位外行人参加。四是提前数天先将待讨论问题通知与会者，内容包括：日期、地点、要解决的问题及相关事宜。

②热身。此阶段的目的是要使与会人员进入"角色"并造成激励气氛。通常只需几分钟即可，具体做法是提出一个与会上所要讨论的问题毫无关系的问题。

③确认问题。这个阶段的目的是透过对问题的分析陈述，使与会者全面了解问题，开阔思路，包括以下三个方面：一是介绍问题。主持人简明扼要地向与会者介绍所要解决的问题。二是重新叙述问题，即改变对问题的表述方式，对每一种表述方式都要用"怎样……"询问的句子来表达，切不可急于提出想法，要鼓励与会者提出尽可能多的意见。三是将提出的各种重新叙述的问题，按顺序排列。凡是启发性强、最可能解决问题的叙述要排在前面。

④讨论。这是与会者克服心理障碍，让思维自由驰骋，借助团体的知识互补、讯息刺激和情绪鼓励，透过联想提出大量创造力假设的

阶段。这也是此法的重点阶段，当此阶段结束时，由主持人宣布散会。同时，要求与会者会后继续思考，以便在第二天补充个人所想到的方法。

⑤做结论。由于会上提出的设想大部分都未经仔细考虑和评估，有待整理以后，才能有实用价值。此阶段包括以下两个步骤：一是增加设想。在讨论后的第二天由主持人或秘书以电话拜访的方式收集与会人员会后产生的新想法。二是评估。评估最好先拟定一些指标，如：是否简单？是否恰当？是否可被采纳？是否可以实现？是否成本较低？等等。根据这些指标来评选出若干最好的设想。

8. 培养创造力应注意的问题

创造力是能够创造出具有社会价值的新理论或新事物的各种心理特点的综合，是智力发展的高级表现形式。创造力在发展水平和层次上是有所不同的。一种情况是创造出的理论、作品等是前所未有的，这样的创造被称为"真创造"。另一种情况是创造出的成品在人类历史上并非首创，只是就创作者个人而言是新的东西，这样的创造被称为"类创造"。类创造的角度说，创造力不是少数天才和专家才有的，而是每一个普通人都可能有的。

不管是真创造还是类创造，对人类都很重要，因此我们必须重视创造力的培养。培养创造力，必须注意以下几点。

保护好奇心，激发求知欲

好奇心、求知欲、自信心和创造力的发展紧密相关、相互制约。因此我们必须保持和发展好奇心、求知欲和自信心。

交替训练发散性思维和集中性思维

发散性思维是一种不依常规，寻求变异，从多方面寻求答案的思维形式。像作文"一文多写",解题时"一题多题",都是离不开发散思维的。集中性思维与发散性思维正相反,它是在思维过程中依据一定的标准,在多种假设或方案中选择最理想的假设或方案的思维。创造力与发散性思维和集中性思维有密切联系。有人认为创造力是一种以发散性思维为中心,以集中性思维为支持性因素的两种思维有机结合的能力。例如,有创造力的人既能对复杂问题的解决提出尽可能的方案,又能对每一方案一一进行论证或试验,找出最优方案。这一过程的前半部分,主要是发散性思维,后半部则主要是集中性思维。在我们的学习、生活、工作中要注意以上两种思维的训练。

鼓励直觉思维并和分析思维相结合

直觉思维是一种不经过严密逻辑分析步骤、没有意识到明显的思维过程而突然作出新判断、产生新观念的思维。直觉思维实际上是一种近乎猜想、假设、一时还得不到证明的思维,有时这些猜想是错误的,有时则接近于灵感的产生。直觉思维的升华便是"顿悟"、"灵感"的到来。直觉思维在人的创造性活动中占有重要地位。如果没有直觉思维做先导,很难提出假设并取得突破。在学习活动中也常有这种思维,如猜测题意、作应急性的回答、即兴演讲比赛、即兴提出各种大胆性问题。当然,在创造活动中,也离不开分析思维。要形成创造力,也必须进行上述两种思维的训练,并要把两者有机结合起来。

向具有创造性的人学习

我们可以通过接触、访问科学家、革新家、作家、探险家、思想家等,学习他们的创造思路和过程,使我们得到启发。

积极参加创造性活动

创造力也和其他一般能力一样,是在实践活动中锻炼出来的。就学生来说参加各种科技小组、文艺小组、课外阅读兴趣小组、种植畜牧小组等，这些活动对启发学生的创造性、培养学生的创造力有重要意义。

发展想象力

想象力和创造力有密切关系，它是人类创造活动所不可缺少的心理因素。不管是科学家的创造、艺术家的创造、还是理论家的创见，都离不开"精骛八极，心游万仞"的想象力。所以必须注意培养、发展自己的想象力。

希望我们每一个人都努力培养自己的创造力，力争在你的一生中形成真创造，起码产生许多的类创造。

9. 阻碍创造力习惯的改变

在我们每个人的生活中，我们都可能会遇到这样的情况，在发现问题或解决问题时，可能出现突如其来的新想法、新观念。这种想法有时稍纵即逝，像灵感一样；如果能及时捕捉，进行思维加工与实践检验，善加利用，可能获得有价值创造力。创造力的关键，是如何用有关的、可信的方式，与在此以前无关的事物之间建立一种新的、有意义的关系，这种新的关系可以把事物用某种独创、清新的见解表现出来。

事实上，每个人都可能成为有创造力的人，就看你如何发掘自己的创造力。我们如果发现自己缺乏创造力，可以参照下列的思维障碍标准，检查自己的不足之处。

从众思维

思维枷锁的最大的障碍就是"从众"。"从众"就是指服从众人，顺从大众。别人怎样做，我也怎样做；别人怎样想，我也怎样想。

思维上的"从众模式"，使得人有一种归宿感和安全感，能够消除孤单和恐惧等害怕心理，并认为这是比较保险的处世态度。如果跟随着众人，如果说的对、做得好，那自然会分得一杯羹；即使说错了、做得不好也不要紧，因为无需自己一人承担责任，所以，许多人都愿意跟着大家走。

权威思维

"人是教育的产物"。来自教育的权威使人们逐渐习惯以权威的是非为是非，对权威的言论不加思考地盲信盲从，其结果正如我们传统的"听话教育"那样：在家听父母的话，在学校听老师的话，在职场听主管的话；而惟独缺少"自我思考、冲破权威、勇于创新"的能力。

在多数情况下，人们按照专家的意见办事，总能得到预想中的成功；如果不慎违反了专家的意见，则会招致或大或小的失败。如此久而久之，人们便习惯了以专家的是非为是非，贯以为"专家不可能出错"。于是，在一般人的思维模式当中，专家就形成了权威。

依循思维

我们生活在一个充满经验的世界里。从幼儿长到成年，我们看到的、听到的、感受到的、亲身经历的各种各样的现象和事件，它们都进入我们的头脑而构成了丰富的经验。在一般情况下，经验是我们处理日常问题的好帮手。只要具有某一方面的经验，那么在应付这一方面的问题时，就能得心应手。

经验与创新思维之间的关系，是个复杂的问题。一方面，随着时间的推移，我们的经验具有不断增长、不断更新的特点，因而有可能使我们看到经验本身的有限性，经过经验之间的比较而发现其不足性，进而开阔眼界，增强见识，使我们的创新思维能力得以提高。所以，

175

经验本身有时就意味着创新。然而经验也可能是相对稳定性的东西，因而可能导致人们对经验的过分依赖乃至崇拜，而形成固定的思维模式，结果就会削弱想象力，阻碍创新思维的能力。

其次，经验具有主体狭隘性。每一个思维主体，不管经验多么丰富，总是有限的，没有经历过的事情总还是无穷多。所以，当他面临自己从没遇到过的事物或者问题的时候，难免常常会手足无措，如果单凭已有的经验去推断，其结果往往大多是错误的。

书呆子思维

书本是一种系统化，理论化的知识，也是人类经验和体认的结晶，但是，尽信书不如无书，因为书本知识与现实之间存在着一段距离，二者并不全然吻合。

一般情况下，一个人所受的正规教育越多，其专业知识也就越丰富。但是，从创新思维的角度来说，他的思维受到束缚的可能性就越大。为了改善这个问题，防止"书呆子思维模式"的形成，可以采用多种方法自我训练，例如：如实思维法（缘起法），运用禅修来训练直观、如实观；辩证思维法，像苏格拉底，"知道自己的无知"，采用双方辩论，来研究知识的相对性以及知识与现实的差距。

自我中心思维

世界上的每一个人都有自己独特的经历、经验、个性，以及许许多多独特的价值观念。在日常思维活动中，人们往往会自觉或不自觉地按照自己的观念、站在自己的立场、用自己的目光去思考别人乃至整个世界，因此产生了以自我为中心型的思维模式。

然而，如果每个人都只站在自己的角度来看周围的人，那么他将无法与别人进行有效的沟通，因为所谓沟通应该是双向的，而单向的讯息传达经常会出现各种各样的误解。不过，我们应该用自己感到合适的标准来要求自己，却不应该用这种标准去要求别人。因为这种标准在你看来很合适，但是在别人看来却并不一定如此。

唯一的标准答案

有一位美国学者说，一个普通读完大学的学生，需经过许许多多的测试、测验和考试，于是所谓"标准答案"的认知在他们的思想中变得根深蒂固。可是在缘起的世界里，生活充满了种种可能性，问题可以有许多的答案，人生的道路也不只一条；所以当你以为答案只有一个时，创新就会遇到阻力。

10. 创造力测试

这是一份帮助你了解自己创造力的练习。在下列句子中，如果你发现某些句子所描述的情形很适合你，则请在答案纸上"完全符合"的选项内打勾；若有些句子只是在部分时候适合你，则在"部分适合"的选项内打勾；如果有些句子对你来说，根本是不可能的，则在"完全不合"的选项内打勾。

注意：

（1）每一题都要做，不要花太多时间去想。

（2）所有题目都没有"正确答案"，凭你读完每一句后的第一印象选择。

（3）虽然没有时间限制，但尽可能的争取以较快的速度完成，愈快愈好。

（4）切记：凭你自己的真实感觉作答。

（5）每一题只能有一个选择。

选项：完全符合，部分符合，完全不符

题目：

（1）在学校里，我喜欢试着对事情或问题做猜测，即使不一定都猜对也无所谓。

（2）我喜欢仔细观察我没有见过的东西，以了解详细的情形。

（3）我喜欢变化多端和富有想象力的故事。

（4）画图时我喜欢临摹别人的作品。

（5）我喜欢利用旧报纸、旧日历及旧罐头等废物来做成各种好玩的东西。

（6）我喜欢幻想一些我想知道或想做的事。

（7）如果事情不能一次完成，我会继续尝试，直到成功为止。

（8）做功课时我喜欢参考各种不同的资料，以便得到多方面的了解。

（9）我喜欢用相同的方法做事情，不喜欢去找其他新的方法。

（10）我喜欢探究事情的真假。

（11）我喜欢做许多新鲜的事。

（12）我不喜欢交新朋友。

（13）我喜欢想一些不会在我身上发生的事。

（14）我喜欢想象有一天能成为艺术家、音乐家或诗人。

（15）我会因为一些令人兴奋的念头而忘记了其他的事。

（16）我宁愿生活在太空站，也不喜欢住在地球上。

（17）我认为所有的问题都有固定答案。

（18）我喜欢与众不同的事情。

（19）我常想要知道别人正在想什么。

（20）我喜欢故事或电视节目所描写的事。

（21）我喜欢和朋友在一起，和他们分享我的想法。

（22）如果一本故事书的最后一页被撕掉了，我就自己编造一个故事，把结果补上去。

（23）我长大后，想做一些别人从没想过的事情。

（24）尝试新的游戏和活动，是一件有趣的事。

（25）我不喜欢太多的规则限制。

（26）我喜欢解决问题，即使没有正确的答案也没关系。

（27）有许多事情我都很想亲自去尝试。

（28）我喜欢唱没有人知道的新歌。

（29）我不喜欢在班上同学面前发表意见。

（30）当我读小说或看电视时，我喜欢把自己想成故事中人物。

（31）我喜欢幻想 200 年前人类生活的情形。

（32）我常想自己编一首新歌。

（33）我喜欢翻箱倒柜，看看有些什么东西在里面。

（34）画图时，我很喜欢改变各种东西的颜色和形状。

（35）我不敢确定我对事情的看法都是对的。

（36）对于一件事情先猜猜看，然后再看是不是猜对了，这种方法很有趣。

（37）玩猜谜之类的游戏很有趣，因为我想知道结果如何。

（38）我对机器有兴趣，也很想知道它里面是什么样子，以及它是怎样转动的。

（39）我喜欢可以拆开来的玩具。

（40）我喜欢想一些新点子，即使用不着也无所谓。

（41）一篇好的文章应该包含许多不同的意见或观点。

（42）为将来可能发生的问题找答案，是一件令人兴奋的事。

（43）我喜欢尝试新的事情，目的只是为了想知道会有什么结果。

（44）玩游戏时，我通常是有兴趣参加，而不在乎输赢。

（45）我喜欢想一些别人常常谈过的事情。

（46）当我看到一张陌生人的照片时，我喜欢去猜测他是怎么样一个人。

（47）我喜欢翻阅书籍及杂志，但只想知道它的内容是什么。

（48）我不喜欢探寻事情发生的各种原因。

（49）我喜欢问一些别人没有想到的问题。

（50）无论在家里或在学校，我总是喜欢做许多有趣的事。

评分方法

本量表共50题，包括冒险性、好奇性、想象力、挑战性四项；测验后可得四种分数，加上总分，可得五项分数。

冒险性：包括（1）、（5）、（21）、（24）、（25）、（28）、（29）、（35）、（36）、（43）、（44）等11道题。其中（29）、（35）为反面题目，得分顺序分别为：

正面题目：完全符合3分，部分符和2分，完全不符和1分；

反面题目：完全符合1分，部分符合2分，完全不符合3分。

好奇性：包含（2）、（8）、（11）、（12）、（19）、（27）、（32）、（34）、（37）、（38）、（39）、（47）、（48）、（49）等14道题。其中（12）、（48）为反面题，其余为正面题目。计分方法同冒险部分。

想象力：包含（6）、（13）、（14）、（16）、（20）、（22）、（23）、（30）、（31）、（32）、（40）、（45）、（46）等13道题。其中（45）题为反面题，其余为正面题。计分方法同冒险部分。

挑战性：包含（3）、（4）、（7）、（9）、（10）、（15）、（17）、（18）、（26）、（41）、（42）、（50）等12道题，其中（4）、（9）、（17）为反面题，其余为正面题。计分方法同前述

看看你的各项得分和综合分是多少？

第六章

学生的空间力教育培养

1. **什么叫空间力**

空间力，顾名思义就是空间内的力，空间力可以控制空间内一切的力，包括人的行为、思想等等。因为人的思想由脑细胞控制，脑细胞在大脑内，大脑在人体内，人体在空间内。空间力甚至可以改变物体，凭空出现任何可以想到的物体。如人和金属、枪械等。

空间和时间一样是物质存在的一种基本属性，我们都生活在一个真实的三维空间之中，我们都有在这个真实的空间中运动、寻找物体和自身定位的能力，但什么是空间能力，谁能够确切回答出来？

人类的空间能力是心理学家和其他科学家们都感兴趣的研究课题。我们可以了解一些有关空间能力研究的历史进程，也可以了解有关空间能力测验的技术和方法。

（1）空间能力与语词能力不同，在智力研究中较晚才被注意到。对空间因素的研究受到因素分析法固有局限的束缚，或许更重要的是受到强烈偏爱语词能力思想的束缚。

（2）刺激维度问题在空间能力的研究中有着持续的兴趣，而随着越来越多的人从事关于在大范围或环境空间中个体差异的研究，刺激维度问题再次成为重要的问题，但尚未解决。

（3）尽管某些类型的表象一直被认为和空间能力具有密切的联系，但确切的关系目前尚未确立。随着对空间能力的心理表象不同种类的研究，将会有趣地发现各自具有怎样的特征及它们之间具有怎样的联系。

（4）尽管我们还很难给出一个为人们所共同接受的关于空间能力的定义，但目前确实存在着大量负载这个或那个空间因素的各种"空间感"的纸笔测验。

（5）在谈论空间因素时，有趣的一点是，经过整个 50 年代，不同的分析家借用了不同的词却以相似的方式来描述大致相似的因素。

因此，如果把对空间能力的描述综合起来解释为"视觉形式的知觉与保持"及"视觉性状的心理操作和重构"。这一特征可以说和早期发现的大量对空间能力的描述是不一致的。但这一特征不仅包括了关于图象和操作表象的特征，而且还包括了关于因素的描述。总之，尽管确定空间能力的特征可能是过渡性的，但可以为在分类的格局中组织大量的空间测验提供有用的根据。

2. 空间力的发展

空间能力的发展一直是发展心理学的热门话题。

在发展空间概念时,最先发展的是拓扑几何概念,接着是欧几里德几何(即欧氏几何)概念,然后是投影几何(或射影几何)概念,最后到结构度量几何(或解析几何)概念。空间力的发展应该从幼儿教育开始。

当然,年龄很小的婴儿实际上并没有什么空间概念,他们对自己生活其中的空间或外部世界的印象毫无组织,只能算是一片混沌。等孩子长到3、4岁时,开始发展拓扑几何的概念,也就是说,对于这个时期的儿童来讲,他们只能领会一些拓扑学上关于空间的性质,如邻近和分离、封闭和开放等。正因为他们只能领会这样的空间性质,因此在此年龄段的儿童看来,正方形、三角形和圆形根本没有什么区别。所以,当你要求一个3、4岁的孩子临摹一个正方形、一个三角形或是一个圆形时,他都会画出一个近似于它们三者却并非完全是它们之一的图形。

儿童空间专家皮亚杰根据自己的研究和推理,给儿童空间发展描绘了这样一幅图景:处于感觉、运动阶段的儿童的空间概念具有拓扑几何的性质,随后,在前运演和具体运演阶段,儿童开始形成欧氏几何概念和射影几何概念,大约在9、10岁以后开始理解水平关系、垂直关系,并逐步向解析几何概念过渡,开始理解二维、三维空间的定位和测量等概念。

皮亚杰等人的研究引起了世界范围的响应。接着直到 80 年代后期，人们对皮亚杰等人的实验进行了数以千计的重复测试和验证实验，结果出现了一些明显不同的观点。首先，人们对皮亚杰所谓的儿童先发展拓扑空间概念的论点提出异议。反对者认为，儿童之所以不能很好地临摹要求的图形，并不是因为他们缺乏关于这些图形的概念，而是因为他们的运动机能没有发展到足以使他们很好地临摹的程度。实际上他们完全可以辨别不同欧氏几何图形（如正方形和圆形），只是在绘画过程中不能很好地控制手的运动而总是把圆形画成了类似于方形的图形。

对于空间关系的认知发展，儿童大概要经历这样一些阶段：

（1）通过自身的运动来确定物体的空间位置关系，这在 3 ~ 4 岁的孩子身上表现得最为明显，直到 5 岁左右开始向下一个阶段过渡；

（2）利用明显的标记或路标对物体进行定位，这在 6 ~ 7 岁的孩子中表现最为明显，直到 9 岁左右才可以利用比较复杂的标记；

（3）能够利用空间整体结构的信息对空间中物体的位置关系进行定位，这个阶段在年龄上与前一阶段有明显的交叉或重叠；

（4）到 10 岁左右，儿童开始具有表象旋转能力。在这以前，如果你把一张关于某一空间的图转过一定的角度放在孩子面前，当他想把图与真实空间进行匹配时，他可能只有把图转到与真实空间相同的方向时，才能很好地定位，如果不能对图进行旋转，他就可能会把自己转过一定的角度。如果这也不允许的话，他很可能会出错。但在 10 岁以后，儿童就开始通过旋转头脑中的表象对真实的空间和有关空间的图进行匹配和定位。当儿童在 6 ~ 12 岁时，他们开始表现出对二维空间和三维空间进行匹配的发展特征。

3. 空间感知能力的发展特点

空间的感知能力，孩子在 5 ~ 6 岁时就会有很大的发展，这时的孩子不仅能够感知辨别远处物体的上下、前后，而且也能够以自身为标准来判断左右。这个阶段的孩子对物体之间的空间关系已有了一定的感知经验，他们已能够比较好地感知物体之间几种相互的空间关系，常见的有邻近关系、分离关系、次序关系与包围关系等。如邻近关系，他们在制作一个小飞机时，能够通过尝试找出飞机翅膀与飞机机身的邻近关系位置，而小一些的孩子则往往把机翅安到一个不恰当的位置上，找不到最恰当（邻近）的位置。如分离关系，孩子在制作飞机时，知道把两个翅膀分别安在机身两边，这时这两个机翅就是以分离的关系的空间形式存在的。但有的小一些的孩子有时则会把两个翅膀安在一起，说明他们还没有真正感知到事物之间的分离关系。对于次序关系，是指任何物体在空间中存在都以一定的顺序性出现的，如，人的五官从下往上是按一定次序排列的，不能颠倒。

孩子对空间感知的一个重要特点，表现在能以自身为中心来感知辨别左右。他们区分前后左右区域的范围有所扩大，可以辨别离自己身体较远的或是偏离一定角度的物体的前后左右。如不仅能够辨别正前方、正后方，还能够辨别感知前方所有范围之内和后方所有范围之内的方位，对以自身为中心的左右也可以从一定的范围上加以辨别。

在一定的教学条件下，他们能够将一定的空间分成两个区域,左边区域和右边区域,前后两个区域等。如他们在自己布置环境时,把一面墙壁的整体分成两个区域,左手方向一个区域,右手方向一个区域。

4. 空间感知力的培养

感知描述自己的左右方位

孩子对左右方位的感知是从以自身为中心的左右开始的，但在引导孩子感知左右时，一定要与具体的感知事物结合起来。

在不断感知观察自己身边的左右时，可以引导他们把自己的感受告诉别人，让他有更多的机会去描述和交谈。

对左右方位的辨别不是一朝一夕的，而是在生活中不断运用和体验中逐渐获得的。如孩子在吃饭时，拿勺、用筷子等都要用左右手，唱歌、跳舞中也会用到左手或右手、左腿或右腿等；在做操时也会用到左手或右手、左腿或右腿，做出向前、向后、向左、向右等与方位有关的活动。另外，在日常生活中经常会体验到物体与物体之间的关系，如什么东西放在上面，什么东西放在下面，什么东西放在前面，什么东西放在左边，什么东西摆在右边等。

此时期孩子的活动能力提高了。因此，家庭在布置环境时，可以让他们参与，这是为孩子提供感知体验空间方位及物体与物体之间空间关系的极好机会。如墙壁上如何分成几块，活动区如何安排，柜子的摆放等，不同房间的空间感觉就不一样。这些活动开始之前和结束之后，家长都应该组织孩子进行讨论和总结，讨论与总结的内容应该与幼儿的空间感受密切联系，如哪些东西摆在左边好些，哪些东西摆在右边活动空间将会大一些等。

在日常活动中引导孩子正确运用方位词语

谈话时，凡是可以使用方位词语的，教育者就要使用一些方位词，让孩子在无意中获得对方位词汇的感知。如看见孩子在做一个东西，成人就可以说："你刚才好像把一个小棍插在这个小人的左手上了，是吧？"与孩子谈话，让他意识到他们正在进行与方位有关的活动。

感知描述周围环境中物体的位置

对一个物体位置的观察与描述可以帮助孩子建立空间概念，提高空间感知能力。生活中的各种物体都是以一定的空间位置存在的。如，什么东西是放在桌子上的？什么东西是放在教室的前面的？自己的班级在学校的什么位置？操场在学校的什么位置？这些不仅对孩子的空间感知能力的培养有积极的意义，而且也逐渐培养了他们的良好习惯。当然，还可以对他所去的地方，如公园、商店、大街等地方的各种物体的位置，进行有意的感知和描述。

感知体验物体的运动方向和位置变化

孩子经常会接触到一些运动的物体，如汽车朝哪个方向走了，一个人从哪里过来了，燕子冬天到南方去，南方在哪个方向。再如，同学们玩"猫抓老鼠"的游戏，哪个同学朝哪个方向跑，都可以谈论，说说当时的方位感受。

看电视时，如足球运动员的踢球，让孩子注意球的运动方向。也可以引导他们感知一些物体位置的变化，如冰箱不在原来的位置了，现在换了一个新的地方等。

可以与孩子进行关于他们自己坐车时感受的谈话，如向哪开，倒车时的感受，靠右行是怎样的，车窗外的物体是怎么动的等。

在实际生活中，应注意引导孩子感知各种所见到的物体的运动或物体位置的变化。

5. 空间想象力的认识

所谓空间想象力，就是人们对客观事物的空间形式进行观察、分析和抽象思维的能力。这种数学能力的特点在于善于在头脑中构成研究对象的空间形状和简明的结构，并能将对实物所进行的一些操作在头脑中进行相应的思考。

我们知道,学生空间想象力较差,往往是他们学习有关空间图形知识的绊脚石。由于不可能一下子就能具备这种能力,所以要想顺利地发展学生这种能力,往往要求提前对学生进行长期而耐心细致的培养和训练。在中学数学教学中,空间想象力主要包括下面四个方面的要求:

(1)对基本的几何图形(平面与立体)必须非常熟悉,能正确画图,能在头脑中分析基本图形的基本元素之间的度量关系及位置关系;

(2)能借助图形来反映并思考客观事物的空间形状及位置关系。

(3)能借助图形来反映并思考用语言或式子所表达的空间形状及位置关系。

(4)熟练的识图能力。即从复杂的图形中能区分出基本图形,能分析其中的基本图形和基本元素之间的基本关系。

在立体几何教学中广泛采用直观教具(尤其是立体图)并进行大量的空间想象力的训练,这固然可以发展学生的空间想象的数学能力。但是,培养学生的空间想象力不只是立体几何的任务,也不只是几何的任务。而是在数学的其它各科都有,如见到函数 $y = x^2 - 8x + 15 = (x-3)(x-5)$ 就要立即想到开口向上,且与 x 轴交 $(3, 0)$,$(5, 0)$ 两点的抛物线(对称轴为 x = 4)。

对解二次不等式 $x^2 - 8x + 15 > 0$ 时,若思维中有图象的表象,则很快就能确定其解集: x < 3,或 x > 5。

著名的数学家、苏联 A. H. 柯尔莫戈罗夫院士曾说过:"在只要有可能的地方,数学家总是力求把他们研究的问题尽量地变成可借用的几何直观问题。……几何想象,或如同平常人们所说'几何直觉'对于几乎所有数学分科的研究工作,甚至对于最抽象的工作,有着重大的意义。在中学,空间形状的直观想象是特别困难的一件事。例如,如果能闭上眼睛,不用图形就能清楚地想象一个正方体被一个穿过正方体中心又垂直于它的一条对角线的平面所截得的图形是什么样子,这该算是个很好的数学家了(相对于一般中学水平而言)。"

学好几何,很重要的一点就是要有强的空间想象力。我们都知道任何科学都有它的背景和应用场合。几何更是如此，它实际上就是空间各种物体间的位置关系（距离、方向）和自身几何特性的抽象。我们所学的大部分几何公理、定理，都可以从空间中找到实例（比如房屋的墙壁间平行或垂直）或者能够想象得到（比如空间两根无线长的、彼此平行的线）。既然几何是关于这样一些关系的科学，那么学好它、理解它包含的知识，就必须要在学习中运用想象力去理解这些知识，这样才能有好的学习效果。

那么怎么锻炼强的想象力呢？不断练习，不断实践，注意观察事物。只有多想，多去联系实际，久而久之，才能具备强的空间想象能力。

6. 空间想象力的作用

所谓空间想象力是人们对客观事物的空间形式（空间几何形体）进行观察、分析、认知的抽象思维能力，它主要包括下面三个方面的内容：

一是能根据空间几何形体或根据表述几何形体的语言、符号，在大脑中展现出相应的空间几何图形，并能正确想象其直观图。

二是能根据直观图，在大脑中展现出直观图表现的的几何形体及其组成部分的形状、位置关系和数量关系。

三是能对头脑中已有的空间几何形体进行分解、组合，产生新的空间几何形体，并正确分析其位置关系和数量关系。

培养学生的空间想象力是中学数学教学的主要任务之一，同时也是难点之一。在教学中如果对空间想象力这一名词只是提的多，理性分析不够，不能把握其培养规律，就可能造成这样的结果：少部分有悟性的学生的空间想象力得到了提高，而大部分学生则收益甚少，乃至于视《立体几何》的学习为畏途。

辩证唯物主义认为,任何事物的变化发展都有其内在规律。空间想象力的提高也是如此,它是逐级向上的,即有明显的层次性。教师唯有把握好这一规律,将之有机地渗透到教学实践中去,有意识、有针对性地采取得当的教学方法和措施,才能有效地提高学生的空间想象力。

7. 空间力想象力的培养

根据空间想象力的提高有层次性这一特点,空间想象力的培养可以细分为如下几个过程。

强化学生对三维空间的认知

作为高中学生,他们已有了二维空间(平面)的知识,对三维空间的感知也有,但对三维空间的无限性、复杂性认识不够。因此,通过对直线的无限延伸、平面的无限延展性的认识;通过比较平面内与空间中两直线位置关系的不同;通过认识线面关系、面面关系来强化学生对三维空间的认识就显得尤为重要。在教学实践中,可在立体几何教学的第一或第二节课中设置下列问题:

例1:一个平面可以将空间分成几个部分?二个平面呢?三个平面?试摆出模型加以说明。

例2:空间三条直线的位置有多少种可能?

例3:两条直线与一个平面的位置有多少种可能?

例4:两条直线与二个平面的位置有多少种可能?

对这些问题,学生的回答不一定准确,但通过思考和摆置模型,学生对三维空间的认知得到了强化。

培养学生由实物模型出发的空间想象能力

通过展现立体几何教学模型或认识生活中的模型(如楼层),并让学生想象看不见的部分，想象线面继续延伸、延展之后的情况，有助于培养学生的空间想象力。

作图能力的培养

作空间图形的直观图，实质是空间图形的平面化表示，其原则是看起来要"像"。作图要规范，因为规范作图实际上是对"如何作几何体的平面图"与"平面图如何看（想象）成体"这两个问题的大众化的统一回答。

上课时让学生上黑板画图，然后师生共同评析，看哪个同学画得好，优点在哪里，存在哪些毛病；印发常见的基本直观图给学生，让学生反复观摩，然后再画出来，作为作业；课外组织学生进行"画直观图比赛"。这些措施能激发学生的学习兴趣，使学生认识到规范作图的重要性，增强学生的作图能力。

培养学生由直观图出发的空间想象能力

这一过程要分两步走：第一步是先根据平面图找模型，再依据模型来想象。当第一步达到一定熟练程度之后，便实施第二步，即直接根据平面图出发进行空间图形（体）的直观形象的想象。

多让学生制作模型，对培养学生的空间想象力是一项非常有益的活动。模型的制作应由简单到复杂。

另外，让学生制作正方体，正四面体，正八面体的模型是必不可少的课外作业，这既有助于学生提高空间想象力，也使学生领悟到这些几何体的和谐美、对称美，从而增加学习数学的兴趣。

培养学生由条件出发的空间想象力

即培养学生由描述几何形体的条件就可以想象出空间图形（体）的直观形象的能力。这一能力分成两个层次：第一层次是根据描述几何形体的条件作出直观图（或找模型），再根据直观图（或模型）想象出几何形体的直观形象；第二层次是直接由条件出发进行直观形象的想象。

多做类似下面的练习，对提高学生空间想象力有事半功倍的效果。

试想象（离开模型、图形）正方体 $ABCD - A_1B_1C_1D_1$ 中：

①各顶点的位置；

②在各棱所在的直线中，与直线 AB 平行的直线有哪些？

③在各棱所在的直线中，与直线 AB 相交的直线有哪些？

④在各棱所在的直线中，与直线 AB 异面的直线有哪些？

⑤在各顶点连线中，与直线 AB 成 $45°$ 角的直线有哪些？

培养学生对空间图形（体）的分解、组合和变形的想象能力

这一能力的实质是对空间图形中点、线、面的位置关系与数量关系的认识与想象。精选例题，精选练习，引导学生大胆思考，深入探索，对提高学生这方面的能力十分重要，下面是两道例题。

例1：在 △ABC 中，A（0，0），B（1，3），C（3，2），将 △ABC 绕 y 轴旋转一周，求所得几何体的表面积。

例2：有一个半径为 5cm 的球，以它的一条直径为轴，钻一个半径为 2cm 的孔，求剩余部分的表面积。

以上的培养学生的空间想象力的六个过程中，过程（1）、（2）是基础，过程（3）是关键，这三个过程的教学工作做好了，后面三个过程的教学工作才有望顺利完成，六个过程并不是彼此孤立的，而是互相交错，相辅相成的。在每一个过程中，都要刻意做好两件工作，其一是对空间图形的直观形象的想象，其二是对空间图形中点、线、面的位置关系的认识与想象。《立体几何》的教学过程是一个严密的知识体系的发展过程，这一过程隐含着内在的空间想象力的培养过程，两者具有高度的统一性。因此，空间想象力的培养是有机地渗透到立体几何的教学过程中去的。

空间想象力的培养是一个从无到有、从有到好的过程，但能力的培养不是一节两节课就能实现的，必须贯穿教学的始终；要注意克服学生中存在的畏惧心理，激发学生的学习热情。

8. 空间想象力的训练

续编故事游戏

空间智能优势大的人富于想象，不受逻辑的局限，思维活跃。可以用续编故事的方法对学生进行空间想象力的训练。

续编故事是提供一个故事的开头，让孩子接着编下去，根据故事开头的线索，运用想象展开故事情节，编成一个完整的故事。先把故事的开头讲给孩子听，引起孩子的兴趣，激发孩子编下去的热情。可以用疑问引导孩子展开想象，"可能是怎样的呢？"大人和孩子一起编讲是最有情趣的，当然，孩子是主角，大人是配角，还可以开展编后的活动，把编讲的故事记录下来，把编讲的故事画成故事画，是很有意义的。

为此，提供以下编故事的话题：

《劝架》

假如你看见猫和狗打架，可千万别感到奇怪，因为他们经常打架，有一回是为了争吃的，有一回是为了抢皮球，瞧，又吵起来了，你快去劝他们吧……

提示：这次他们为什么吵架呢？谁去劝劝他们了？结果怎么样呢？

《爷爷钓鱼》

奶奶总说："你爷爷肯定是越来越糊涂了。"为什么呢？原来，每回爷爷去钓鱼，总能钓到大鱼带回来。可是近来，不要说大鱼，连小

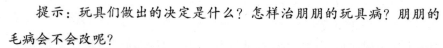

鱼也少见了，可爷爷还是开心得不得了。奶奶总是唠叨，孙子可憋不住了，这次爷爷去钓鱼，他前脚走，孙子后脚就悄悄地跟了出来……

提示：爷爷最近为什么钓不回来鱼了？他为什么还很开心？爷爷到底做了些什么？孙子发现了什么秘密？

《玩具总动员》

朋朋特别喜欢买玩具，每次去商店，他都非要买一件玩具才肯回家。可是朋朋只喜欢新的玩具，没玩多长时间，就把玩具扔在一边，又吵着要新的。玩具柜里的玩具越来越多了，这不，柜子里的玩具在埋怨："怎么又来了一辆车，都没地方住了。"新来的车说："朋朋只开了几趟就不理我了，他一点也不爱惜我，我也不想挤在这里呀。"柜子里的玩具开了一个会，做了一个决定，要团结起来，治一治朋朋的"玩具病"……

提示：玩具们做出的决定是什么？怎样治朋朋的玩具病？朋朋的毛病会不会改呢？

《想听懂动物说话的孩子》

贝贝特别喜欢动物，他常常和小猫、小狗聊天。小猫、小狗好像能听懂贝贝的话，总是喵喵、汪汪地回应，可是贝贝却听不懂他们的话。贝贝想，我要是能听懂动物说的话该多好。他想起了魔术师，魔术师一定有神奇的魔力，去请他帮帮我，一定能行，贝贝就兴冲冲地去找魔术师了……

提示：魔术师实现贝贝的愿望了吗？贝贝如果能听懂动物说话，会发生什么事呢？

孩子是天生的想象家

专家曾进行过一个教育活动——"如果我有了翅膀"。孩子们的反响很热烈,这是一个系列活动,其中的一项是把想象的画出来。孩子们画出了一张又一张的想象画,其中有一幅作品是这样画的:夜空,星星闪烁,五颜六色,小作者扇动翅膀飞在空中,怀抱大花篮,手中抛出五颜六色的花朵。请小作者宣讲他的画,小作者兴奋地讲起来:"我飞起来了,我带着许多鲜花飞到星星上去,在星星上种花,让星星都变成大花园,原来的星星是一个颜色,以后,星星就是五颜六色的,好看极了……"看着、听着,令人心潮澎湃,孩子的想象也让人为之叹服。

在小孩子的眼里,天地万物都是有生命的,他会认真地告诫同伴:"别揪树叶,它会疼的。"因为孩子的心理特点就是"拟人化",这是幼稚的,也是闪光的,往往就是他们的优势。他们缺乏经验,而因此不会因循守旧;他们缺乏逻辑,而因此不拘泥于条条框框,这些优势正是想象的沃土。

下面一个游戏活动是:接着往下画

这幅图画是故事的开始部分,后面可以画什么呢?让孩子接着画下去。先指导孩子看图画,讲图画:画的是什么?发生了什么事?和孩子讨论接下来会怎么样?最后会怎么样?鼓励孩子根据原图画的线索,把整个故事画出来。画完了要从头讲一遍,大人当热心的听众。

《西瓜船》

提示:这里发生了什么事情?老鼠得救了吗?是怎样得救的?

《吸汽球》

提示:小猫在叫什么呢?小猫怎样能回到地面上来呢?是谁帮助了小猫?怎样帮助小猫脱险的?

《救小兔》

提示:井里的小兔为什么哭了?井上的小兔在商量什么?怎样把井里的小兔救上来的?

《两只田鼠》

提示:两只田鼠在干什么?他们有什么危险?他们被抓住了吗?

他们逃掉了吗？结果怎么样？

线条像什么？

线条是多样的、可变化的，是具体的，也是抽象的，利用线条的象征性引发孩子的想象，正因为它有抽象的特点，就有了想象的余地。

△主线像什么？

材料：线，白纸

做法：把白纸展开，用拇指和食指捏住主线线段，提起来悬于白纸上空，然后松开手指，让主线自由落到白纸上，形成不规则的样子，这样瞧一瞧，那样瞧一瞧，瞧瞧像什么。还可以把纸上的主线固定一部分，然后把纸提起来，于是主线不固定的地方就变样了，又出现了新的主线造型，引发新的想象。

△包装绳像什么？

材料：塑料包装绳的线段

做法：把包装绳抛上去，让绳子自由落到平地上，看看绳子的造型像什么？走到这边看一看，走到那边看一看，就会看出像好多东西。抛绳的方法有多种，可以捏着绳子的一头抛起来，也可以捧着绳子抛起来。

△画的线条像什么？

材料：纸和笔。

做法：在纸上画线条，看看像什么？例如：

像头发飘起来、蛇、滑梯、小路……

像山、海浪、英文字母、绳子……

像桌子上四个苹果、椅子上四个人头、脚指头……

像鼻子眼睛、门、人照镜子、折叠桌和两个圆凳……

插图：画的线条像什么

这些线条还可以转换方向看，转换方向就会不一样了，新的想象就会跳出来，例如第二幅图，若倒转过来看，就像驼峰牛的头、笔架……

空想的游戏

想象是创造的翅膀，创造需要幻想、假想、猜想甚至妄想，许多创造发明就是来自于异想天开。当然，创造不能只停留于空想，而是用科学的态度力争空想的实现。和孩子玩一玩空想游戏是很有意思的。

做法：

教育者提出一个空想的话题，这个话题是孩子熟悉的又感兴趣的，而且还是要解决问题的，例如"会惩罚小偷的防盗门"。

①先列举需要：现在的防盗门还能被小盗撬开，怎么办呢？要是发明一个让小偷没办法的门就好了。

②提出空想：会惩罚小偷的防盗门是什么样的呢？有什么特异功能呢？说得越神越好，说得越多越好。

③提出可行的办法：重温提出的空想，一条一条的设想可行的办法，这部分内容，大人可给孩子提供信息，帮着出主意。

举例如下：可行的办法

门会说话吓唬小偷：小偷一触动就发出声音，是预先录好音的。

门会打小偷：小偷一碰就触电，四肢发软。

门会认小偷：隐藏的摄像机，一触动就自动拍摄。

△从"如果"出发去想象

天地间只有一样是不受时空限制的，那就人的思想，上天、入地、过去、未来，无所不能，这就是"想象"的优越性。从"如果"出发，非常神奇，从"如果"出发，其乐无穷。有哪个孩子会不喜欢呢？在玩耍中活化头脑，在玩耍中想入非非，创造的幼苗就这样茁壮成长起来。

话题举例：

△如果我能听懂动物说的话……

△如果我发现了一只恐龙……

△如果海水是甜的……

△如果房子是能走动的……

△如果我遇见了外星人……

△如果我有一朵七色花，怎样用它的魔力实现愿望……

△如果水星上到处都是水，怎么办……

△如果我是爸爸，会怎么样呢……

△如果我得到了隐身草，把它含在嘴里就谁也看不见我了，会发生什么事……

△如果我遇见了神笔马良……

做法：话题的提出，可以是教育者提出来，可以是孩子提出来，也可以是共同讨论出来的。

对话题进行设想。教育者首先要表现出对话题的极大热情，"真有意思，我有很多的想法了，你呢?"逗得孩子热烈起来，和孩子比着说自己的想象，你说一个，我说一个，一定很热闹的。

促发新颖的想象。当想象的思路过于狭窄时，教育者要指导孩子脑筋转转弯，例如，话题"如果我能听懂动物说的话"，若孩子总是说和动物交朋友之类的想法，就可以用"转移法"进行转移，"如果不是和动物交朋友的事，还会发生什么?"使孩子不再循着习惯的思路想下去，转向新的想象天地。

编成有趣的故事。从许多想法中，选出新颖、有趣的想法（和孩子讨论），对这些想法进行加工、丰富、完善，编成一个个有趣的故事。画成有趣的图画。把编好的故事画出来，可以画成连环画，画完帮孩子装订成册，设计好看的封面，写上故事的名字和孩子的名字，一本故事书就做出来了。